おいしいスープがあればいい
三國流 おうちでつくる 極上スープ

三國清三

西東社

はじめに

こんにちは三國です。

YouTubeを始めてから、フランス料理を家でおいしく作る方法を知りたい！ 一皿でも満足のいく料理を作りたい！ とのリクエストをいただくようになりました。

一番手軽でみんなが満足する料理は何か？ そう考えたときに頭に浮かんだのがスープでした。もちろん、レストランのようにブイヨンやフォンをとって……というと話は別ですが、おうちで食べるスープは、ちょっとしたポイントを押さえることでグンとおいしくなります。

この本のスープは、市販のスープの素や手のかかる自家製のブイヨンを使わず、ほとんどが水から作るものばかりです。水で作るスープは、野菜のスープなら野菜のうまみ、魚のスープなら魚のうまみ、肉のスープなら肉のうまみがストレートに出るので、味わいがとってもピュアです。とはいえ、僕は市販のスープの素を使わないほうがいいですよ、といっているわけではありません。好みで使用してもいいと思います。味の好みは人それぞれ。それはそれで正解なんです。この本では、さらに時間と手間をかけて本格的な味にしたい人のために、コンソメなどのブイヨンの作り方もご紹介しています。

今回のように水で作るスープ（市販のスープの素や自家製のブイヨンを使わないスープ）は、実は一番難しい。だしをプラスしない代わりに、何かで味を出さないといけないわけですから。でも安心してください。せっかく僕が皆さんにお伝えするのだからフランス料理の手法も交えながら、でもおうちで簡単に作れるようなレシピにしています。その手法の一部が、肉や魚は焼きつけて香ばしさを出し、臭みを取ってから煮る、野菜はじっくり炒めて汗をかかせ、うまみや甘みを引き出す、鍋底に焼き色を作り、それをスープに溶け込ませるなど。おっと！ ここではこれくらいにしておきます。詳しくは本編をじっくりお読みください。この本では、フランスの家庭料理のスープをはじめ、なんと世界のスープ、さらにはみそ汁、小鍋料理まで！ 実に幅広く紹介しています。

おいしい料理は人を笑顔にします。おいしいスープはそれだけで人を幸せな気分にします。どうぞ、大切な人や自分のために作ってみてください。

オテル・ドゥ・ミクニ
三國清三

もくじ

はじめに　2
三國流　スープ作りのコツ　6
この本の使い方　10

PART **1**

絶対作りたい！
フランス家庭の定番スープ

Best 1　オニオングラタンスープ　12
Best 2　ポトフ　13
Best 3　ポタージュ キュルティヴァトゥール　14
Best 4　ピストースープ　15
Best 5　ヴィシソワーズ　20
Best 6　クレーム サンジェルマン　21
Best 7　ガルビュール　22
Best 8　パンスープ　23
Best 9　とうもろこしのポタージュ　28
Best 10　にんにくスープ　29

PART **2**

旬を味わう 季節の野菜スープ

秋の食材はねっとり。ポタージュにして味わう
栗のポタージュ　34
ゆり根のスープ　36
かぼちゃのヴルーテバニラ風味　36
ごぼうのポタージュ トリュフの香り　36
焼きいもとミモレットのスープ　38
にんじんとゴルゴンゾーラのスープ　39

冬はごろごろ食材のスープを食べて温まる
究極のロールキャベツ　40
白菜と鶏だんごのスープ　42
カリフラワーのミネストローネ　44
たらとほうれん草のスープ　46
レンズ豆とチョリソーのスープカレー　47
大根とスペアリブのスープ　48

春夏食材は自由な発想のスープで食卓に新しい風を！
春野菜と麦のスープ　50
あさりと菜の花のサフランスープ　52
アスパラヴルーテ ポーチドエッグとともに　53
新じゃがのスープ　54

アボカドとかにのスープ　55

なすのスープ　56

きゅうりの冷製スープ　57

トマトのクリームスープ　アンチョビー風味　58

枝豆のスープ　60

冬瓜と貝柱のスープ　61

すいかのスパイススープ　62

マンゴーとタピオカのスープ　63

PART 3
手軽にフランスのレストランの味！
ごちそう＆おもてなしスープ

スープ・ド・ポワソン　70

パイ包み焼きスープ　74

えびのビスク　鶏レバー添え　78

マッシュルームのカプチーノ　82

ブイヤベース　86

いちごのカルダモンスープ　90

PART 4
ミクニ流
世界のスープ

ミネストローネ　96

ガスパチョ　98

ロヒケイット　100

ボルシチ　102

グヤーシュ　104

クラムチャウダー　106

ガンボスープ　108

テールスープ　110

酸辣湯　112

トムカーガイ　114

豚肉と空芯菜のスープ　115

サンバル　116

野菜・フルーツ別INDEX　126

Column 1　小鍋レシピ

たらと豆乳の鍋　64

さけと白きくらげの鍋　65

きのこのカレー鍋　66

チリビーンズ鍋　67

うなぎの蒲焼きときりたんぽの鍋　68

Column 2　毎日のみそ汁カタログ

豚肉とごぼうのみそ汁　120

焼きねぎと蒸しねぎのみそ汁／
根菜のみそ汁／
大根とにんじんのゆずみそ汁　121

さけととうもろこしのみそ汁／
きのことベーコンのみそ汁／
豆腐と豆乳のごまみそ汁　122

にら玉みそ汁／
あさりとトマトのサラダみそ汁／
炒めわかめのみそ汁　123

もやしとひき肉のみそ汁／
みそ仕立てのれんこんのすりながし／
あら汁　124

長いものみそ汁／粕汁／
焼きなすの冷や汁　125

だし

①鶏むね肉のポシェのゆで汁　32
　鶏むね肉のポシェのゆで汁で作るスープ：
　長ねぎとパンのスープ　アルザス風

②コンソメ　94

③ブイヨンドレギューム　118

④うまみだし　119

⑤昆布水　119

三國流 スープ作りのコツ

スープはとても簡単な料理です。
でも、ワンランク上のおいしさを目指すなら、ちょっとしたポイントを押さえたい。
どれもテクニック的には難しくないので、ぜひ覚えてください。

1 炒めて野菜のうまみを引き出す

野菜に塩をふって炒めると浸透圧の関係で野菜が汗をかきます(フランス料理用語で、これを「スエ」といいます)。その汗(水分)の中にはうまみもたっぷり。さらに炒めると、出てきた野菜のうまみが煮詰まり、味が凝縮します。野菜だけのスープのときに、よく炒めてから煮ることが多いのはそのため。市販のスープの素に頼らなくても、十分おいしくなります。

2 赤い肉には黒こしょう、白い肉には白こしょう

牛肉や鴨肉などの赤い肉には黒こしょう、鶏肉や豚肉などの白い肉や魚には白こしょうを使うのが、料理の基本です。味が濃い赤い肉は白こしょうだと物足りなく、逆にパンチのある黒こしょうを白い肉にふると肉の味が負けてしまうためです。野菜スープの仕上げには白こしょう。白い肉同様、黒こしょうだと野菜の味が負けてしまいますから。白、黒、2つのこしょうを揃えて使い分け、できればミルで挽いて使うことをおすすめします。

3 肉や魚は焼きつけてから煮る

肉や魚をスープに入れるときには、基本は表面を焼きつけてから煮ます。肉や魚に焼き色をつけて香ばしさを出すとともに、臭みを取るのが目的です。ポトフなど焼きつけない料理の場合は、必ず臭みを取る食材（ローリエ、長ねぎ、しょうが、にんにくなど）を入れるか、下ゆでして臭みをある程度抜いてから煮ます。

4 香味野菜を炒めてコクを出す

スープにコクや深みを出したいとき、玉ねぎ、にんじん、セロリをオイルやバターで炒めて使います。「ミルポワ」と呼ばれるフランス料理の味のベースで、じっくり炒めることで甘みや香りを引き出します。「ブイヨンドレギューム」「コンソメ」などのブイヨン（洋風のだし）を取る際にも使います。僕はカレーを作るときにもミルポワを使います。このひと手間で一気にプロの味に。

5 鍋底の焦げはうまみ

野菜や肉を炒めたときに鍋底に茶色い焦げのようなものができますが、これはうまみの素です。ここに水を加えると鍋底についた焦げがはがれ、スープに溶け込んでブイヨンと同じような役割をします。ただし、黒く焦がすと苦みが出るので、茶色いくらいにとどめるのがポイント。野菜の色を出したいスープや白く仕上げたいスープは、決して焦がさないように炒めましょう。

6 「沸騰」とは鍋全体が煮立っている状態

レシピには「沸騰したら」「煮立ったら」という言葉がよく登場します。沸騰とは鍋の一部ではなく、全体が沸いている状態。ガス火は外側から内側へ、IHの場合は中央から外側へと徐々に熱くなりますが、いずれも鍋全体が煮立った状態が「沸騰」です。アクを取るため、殺菌のためにも、必ず一度沸騰させ、それから指定の火加減に下げて煮ていきます。

7 塩は「少し足りない」くらいがベスト

塩は入れすぎると取り返しがつかないので、1回で決めずに、2〜3回で調味します。スープは一口飲んだときに「塩が足りないな」と思うくらいがベスト。一口目でちょうどいいようだと、全部飲み干したときにはしょっぱく感じます。

8 アクも力なり

アクにはえぐみや雑味がありますが、僕は「アクも力なり」というタイプ。えぐみや苦みの中にもうまみがあると考えます。なので、沸騰したときにざっと取ったら、その後はほとんど取りません。また、アクと同じように浮いてくる赤いものはアクではなく脂です。脂はうまみの素なので取り除く必要はありません。ですが、すっきりと味わいたい人は丁寧にアクや脂を取り除いても構いません。

9 ミキサーは一気に回さない

ミキサーは最初から連続で長時間回すと、すべてがなめらかになるまでに時間がかかります。時間をかけると野菜が焼けて、色が悪くなってしまう。そのため、グイングインと数回小刻みに回して全体を小さく砕き、その後グイーンと連続して回します。また、ミキサーにかける前に必ず粗熱をとりましょう。でないと、ミキサー内の空気が急激に膨張し、ボン！ と中身がふきこぼれる恐れがあります。

この本の使い方

- 小さじ1＝5mL、大さじ1＝15mL、1カップ＝200mLです。

- 火加減は特に表示のない場合は「中火」です。

- 野菜の「洗う」「皮をむく」「ヘタを取る」などは省略しています。

- 生クリームは乳脂肪分40％台のものを使用しています。

- バターは「無塩バター」を使用しています。

- 砂糖は「甜菜糖」を使用しています。

- 小麦粉は「薄力粉」のことです。

- 豆乳は無調整のものを使用しています。

- オーブンの加熱時間はお使いのオーブンに合わせて調整してください。指定の温度に予熱してから焼きます。

- 電子レンジの加熱時間は600Wの目安です。500Wの場合は加熱時間を1.2倍に、700Wの場合は0.8倍を目安にしてください。

- 電子レンジ、魚焼きグリルは機種によって加熱時間が異なります。取扱説明書の指示に従い、様子を見ながら調整してください。

オニオングラタンスープやポトフなど、
フランス家庭の定番スープをご紹介します。
野菜1つで作れるものから、
たくさんの具材のうまみが溶け込んだスープまで。
毎日のスープとしてお楽しみください。

PART 1

絶対作りたい！
フランス家庭の定番スープ

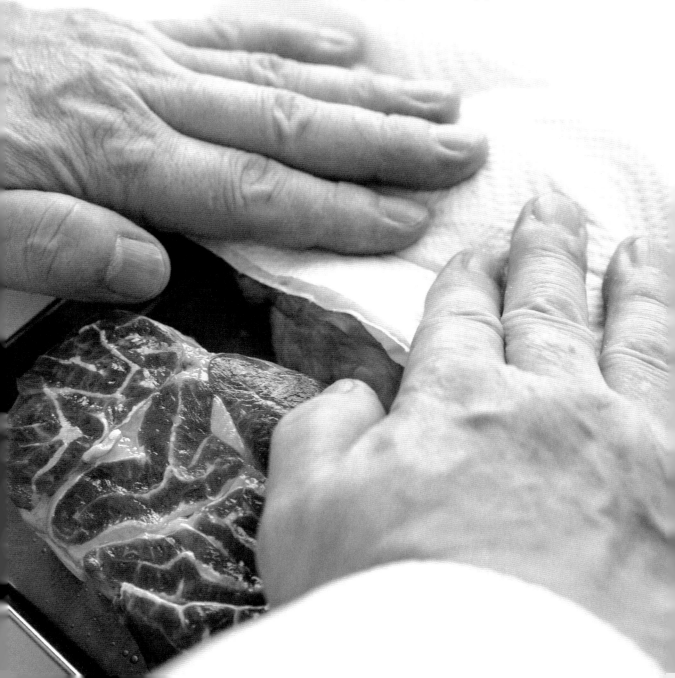

Best 1

玉ねぎだけなのにごちそう級のおいしさ

オニオングラタンスープ

Soupe gratinée à l'oignon

「これがおいしく作れないと一人前じゃない！」といわれるレストランの基本中の基本のような
料理です。味の決め手は玉ねぎの炒め方。黒く焦がさないように注意しながら茶色くなるまで
じっくり炒め、甘みとうまみを引き出し、その味が移ったスープとともに
アツアツをフ〜フ〜しながら、召し上がってください。

作り方──P16

合わせるなら！ オーブンで焼いたチーズの香りのコクありスープには、同じくコクのあるカリフォルニアのシャルドネを

Best 2

フランス家庭料理の決定版

ポトフ

Pot au feu

牛肉で作る、スタンダードなポトフです。とはいえ、具材に決まりはなく、
家にあるものを何でも加えていい。例えるなら、日本におけるカレーのような存在です。
コツはじっくりコトコト煮込んで肉と野菜のうまみを引き出すことくらい。
具材もさることながら、食材のうまみが出たスープが何よりのごちそう！　作り方——P17

合わせるなら！　牛すね肉と野菜で作ったやわらかな味わいのポトフは、
タンニンが強くなく、やさしい味わいのブルゴーニュ地方のピノ・ノワールやボジョレーとお楽しみください

Best 3

フランス家庭で最もポピュラーなスープ

ポタージュ キュルティヴァトゥール

キュルティヴァトゥールとは、フランス語で「農家さん」のこと。
たくさんの野菜を使った料理には、この名がついたものが多いんです。
今回は6種類の野菜を使い、かたいものから順に丁寧に炒めて
うまみを引き出してから煮ていきます。スープの基本のような料理です。
チーズをのせたクルトンをのせると、
カリカリ感がアクセントに。

作り方──P18

Potage cultivateur

合わせるなら! 野菜のおいしさが詰まったスープには、ボルドー地方の繊細でミネラルを感じる、
若いフレッシュタイプの白ワインやロゼワインがおすすめ

Best 4

夏こそ食べたい、さわやかスープ

ピストースープ

Soupe pistou

ピストーソースは、南フランスやイタリアではおなじみのバジルとにんにくをすりつぶして混ぜ、オリーブ油でのばしたペーストです。野菜だけのシンプルなスープにかけると、バジルのさわやかさとにんにくのパンチが加わり、ぐぐっと深みが増します。バジルの代わりに青じそで作るのもグーです。

作り方——P19

合わせるなら! プロヴァンス地方発祥のピストーソースやトマト、ズッキーニのスープには、同じ地方の辛口ロゼワインが相性バツグン

Best 1 オニオングラタンスープ の作り方

材料（直径10cmのココット2個分）

玉ねぎ（薄切り）……3個（450g）
無塩バター……20g
塩、白こしょう……各適量
水……1・1/2〜1・1/4カップ*
コニャック（お好みで・マディラなどでも）
　……大さじ1
カンパーニュ
　（7mm厚さ・軽くトーストする）……2枚
グリュイエールチーズ……20g

＊「鶏むね肉のポシェのゆで汁」（P32）を使うと、よりおいしい！

1 玉ねぎを炒める

塩をふると、玉ねぎから水分が出やすくなります

鍋にバターを溶かして玉ねぎを入れ、塩ひとつまみをふり、強火で炒める。水分がとんだら中火にし、絶えず混ぜながらじっくり炒める。

2 茶色になるまで炒める

黒く焦がすと苦みが出るので、注意しましょう

途中、鍋底に焦げができたら、焦げに玉ねぎをのせて玉ねぎの水分で焦げを洗い落とし、焦げを玉ねぎに移しながら濃い茶色まで炒める。時間の目安は20〜30分。

3 煮る

塩味は少し薄いかな？くらいにします

分量の水を加え、蓋をして弱火で20分ほど煮て、塩、白こしょうで味を調える。

4 オーブンで焼く

パンはカンパーニュ、チーズはグリュイエールがベストですが、お好みのものでも

耐熱容器にコニャックを入れ、3のスープを注ぐ。カンパーニュ、チーズをのせ、オーブントースターで色づくまで焼く（オーブンなら250℃で5分ほど）。

Soupe gratinée à l'oignon

Best 2 ポトフ の作り方

材料（2人分）

- 牛すね肉──500g
- ベーコン（ブロック・半分に切る）──100g
- 玉ねぎ（半分に切る）──小1個
- にんじん（縦半分に切り、長さを半分に切る）──小1本
- セロリ（長さを半分に切る）──10cm
- かぶ（半分に切る）──1個
- じゃがいも（半分に切る）──1個
- 水──適量
- ローリエ──1枚
- 塩、白こしょう──各適量

1 牛肉に塩をもみ込む

塩をして出てきた水分には肉の臭みも出ています。丁寧に取り除きましょう

牛肉は塩をまんべんなくもみ込み、1時間ほどおく。出てきた水分をペーパータオルで丁寧に取り除く。

2 牛肉を下ゆでする

今回は丁寧に、一度下ゆでして臭みを取り除く作り方です

鍋に1を入れて水をひたひたに加え、強火にかけてアクを出し、牛肉を取り出す。鍋はきれいに洗う。

3 煮る

沸騰させないのは、なるべくアクを回さないため。沸騰させてアクを取るよりもうまみが残ります

鍋に2の牛肉、ベーコン、玉ねぎ、にんじん、セロリ、ローリエを入れ、水をひたひたに加え、強火にかけて沸騰直前まで温め、塩少々をふる。

4 弱火で煮る

落とし蓋をして、野菜がスープにつかった状態を保つことで味を染み込ませます

落とし蓋をし、弱火で1～2時間煮る。水分を確認しながら煮て、少なくなったら水を足す。かぶ、じゃがいもを加え、弱火でさらに20分ほど煮る。

Pot au feu

Best 3 ポタージュ キュルティヴァトゥールの作り方

材料（2人分）

にんじん——20g
玉ねぎ——50g
ごぼう——40g
セロリ——30g
キャベツ——40g
大根——20g
無塩バター——10g
塩——適量
水——1・1/2カップ*
バゲット（7mm厚さ）——6枚
パルメザンチーズ——適量

*「ブイヨンドレギューム」（P118）を使うと、よりおいしい！

1 野菜を切る

フレンチの基本ともいうべき切り方です。ペイザンヌには「田舎風」という意味もあります

にんじん、玉ねぎ、ごぼう、セロリ、キャベツ、大根は1cm四方（ペイザンヌ）に切る。ごぼうは水に5分ほどさらし、水けをきる。

2 野菜を炒める

かたいものから時間差で炒めるのは、火の通りを均一にするためです

鍋にバターを溶かし、1をかたいものから順に入れて中火で計10分ほど炒め、塩少々をふる。

3 煮る

分量の水を加え、強火にかけて一度沸騰させ、蓋をして弱火で30分ほど煮て、塩少々で味を調える。

4 クルトンを作る

やさしい味わいのスープに、チーズクルトンがアクセント！

スープを煮ている途中でクルトンを作る。バゲットにパルメザンチーズをのせ、オーブントースターで軽く焼き色がつくまで焼く。器に盛った3にのせる。

Potage cultivateur

Best 4 ピストースープ の作り方

材料(2人分)

- ズッキーニ（小さめ一口大）……100g
- じゃがいも（小さめ一口大）……100g
- トマト（ざく切り）……小1個
- いんげん豆（ゆでたもの・赤、白）……計100g
- さやいんげん（3～4cm長さに切る）……30g
- ショートパスタ……30g
- にんにく（つぶす）……1かけ
- 長ねぎ（1.5cm長さのぶつ切り）……30g
- オリーブ油……大さじ2
- 水……1・1/2カップ
- 塩、白こしょう……各適量

[ピストーソース（作りやすい分量）]
- バジル……1パック
- にんにく……1かけ
- 塩……ひとつまみ
- オリーブ油……1/4～1/2カップ

1 ピストーソースを作る

ミキサーにピストーソースの材料（オリーブ油はまずは1/4カップを入れ、様子を見ながら足す）を入れて攪拌し、なめらかにする。

> ピストーソースは冷蔵庫で5日を目安に保存可。パスタ、肉や魚のソテーのソースとしても使えます

2 薬味野菜を炒める

鍋にオリーブ油を熱し、にんにく、長ねぎを中火でしんなり炒め、塩少々をふる。

> にんにく、長ねぎの香りを引き出します

3 野菜を炒める

ズッキーニ、じゃがいも、トマトを順に加え、その都度炒めながら中火で計5分ほど炒める。

> 野菜は全体に油が回る程度に炒めておくとコクが出ます

4 煮る

分量の水、豆を加えて沸騰させ、蓋をして弱火で10～15分煮る。パスタ、さやいんげんを加え、パスタの表示時間煮て、塩、白こしょうで調味。器に盛り、1を大さじ2かける。

Soupe pistou

Best 5

意外にカンタン！ ほのかな甘みがたまらない
ヴィシソワーズ

じゃがいもの
冷たいポタージュです。
じゃがいもはメークインを使って
なめらかな舌触りに。
本来はポロねぎを使いますが、
ご家庭では長ねぎで代用すると
いいでしょう。
ちなみに、ヴィシソワーズに
コンソメゼリーを重ねた
「パリ・ソワール」は、
日本人発案のスープです。

作り方——P24

Crème vichyssoise

合わせるなら！　シンプルな材料で作るヴィシソワーズには、
酸味と甘みのバランスがよく、少しスパイシー感のある、アルザス地方のゲヴェルツトラミネールを

Best 6

グリンピースの緑が目にも鮮やか
クレーム サンジェルマン

かつてパリ近郊のサンジェルマン・アン・レーがグリンピースの産地だったことから、この名がついたとか。季節には、生のグリンピースを使うのもいいですが、実は冷凍のほうが鮮度が落ちにくく色もきれいに出るんです。仕上げにカレー粉をふってスパイシーさをプラスするのが僕流。　作り方──P25

Crème Saint Germain

合わせるなら！　グリンピースや新玉ねぎの甘みには、すっきりとした辛口のスパークリングワインの持つコクやうまみがぴったり

Best 7

水からコトコト煮るだけで、うまみたっぷり

ガルビュール

Garbure

フランス南西部の郷土料理で、料理名は「煮込み」を意味するスペイン語「ガルビアス」から。
本場では、鴨や骨つき生ハムなどを入れてコトコト煮込みます。
材料を水から煮るだけのとても簡単な、でも食材のうまみとそれを吸った豆が
おいしいスープです。フランスではパン・ド・カンパーニュを添えるのがお約束。　作り方——P26

合わせるなら！　料理とワインの産地を合わせるのはマリアージュの基本のひとつ。
野菜と白いんげん豆で作ったやさしい味わいには、南西地方の辛口のすっきりと軽やかな白ワインを

Recette 15

残りもののパンを

パンで

フランスには、
残ってかたくなったパンをおいしく
食べきる料理がいくつもあります。
日本人が冷やご飯で
雑炊やチャーハンを作る感覚に
似ているのかもしれません。
具材をたくさん入れた
スープもありますが、
今回ご紹介するのは具材がパンだけの
とてもシンプルなスープ。
食欲がないときにもおすすめです。

作り方──P27

La panade

合わせるなら！　日本酒（ぬる燗、熱燗）。意外に思われるかもしれませんが、燗酒と乳製品は相性がいいので、ぜひ試してみてください

Best 5 ヴィシソワーズ の作り方

材料(2人分)

じゃがいも(メークイン・薄切り、水にさらさない)……150g
長ねぎ(白い部分・斜め薄切り)……40g
無塩バター……8g
水……3/4カップ*
塩、白こしょう……各適量
牛乳……1カップ
細ねぎ(小口切り・お好みで)……適量

*「鶏むね肉のポシェのゆで汁」(P32)を使うと、よりおいしい！

1 長ねぎを炒める

焼き色をつけないように気をつけながら、しんなりするまで炒めます

鍋にバターを溶かし、長ねぎを中火で2分ほど炒める。

2 じゃがいもを炒める

とろみをつけたいので、じゃがいもは水にさらしません。全体に油が回る程度に炒めればOK

じゃがいもを加え、さっと炒める。

3 煮る

必ず粗熱をとってからミキサーに移します。でないと、ふきこぼれます

分量の水、塩ひとつまみを加え、蓋をして中火で10分ほど煮て、粗熱をとる。

4 なめらかにし、冷やす

3をミキサーに入れ、牛乳を加えて攪拌する。ボウルに移し、氷水入りのボウルにのせ、混ぜながら冷やす。塩、白こしょうで調味して器に盛り、細ねぎを飾る。

Crème vichyssoise

Best 6 クレーム サンジェルマン の作り方

材料(2人分)

冷凍グリンピース……120g
新玉ねぎ(薄切り)……30g
ベーコン(1cm幅に切る)……25g
無塩バター……8g
水……1カップ
塩、白こしょう……各少々
バゲット(7mm厚さ・トーストする)……4枚
カレー粉(またはナツメグ)……少々

1 玉ねぎを炒める

焼き色をつけないように玉ねぎとベーコンの味を引き出します

鍋にバターを溶かし、玉ねぎ、ベーコンを入れ、しんなりするまで弱火で5分ほど炒める。

2 煮る

分量の水を加え、強火で一度沸騰させ、蓋をして弱火で10分煮る。

3 グリンピースを加える

グリンピースのきれいな色がとばないよう、できるだけ短時間で火を通します

グリンピースは冷凍のまま加え、蓋をしてさらに5分ほど煮て、粗熱をとる。

4 なめらかにし、鍋で温める

サンジェルマンにクルトンはつきものです!

3をミキサーに入れて攪拌し、なめらかにする。鍋に移して中火で温め、塩、白こしょうで味を調える。器に盛り、バゲットをのせ、カレー粉をふる。

Crème Saint Germain 25

Best 7 ガルビュールの作り方

材料（2人分）

生ハム
　（厚切り、またはパンチェッタ・棒状に切る）
　……80g
白いんげん豆（ゆでたもの）……100g
キャベツ（ざく切り）……150g
長ねぎ（2〜3cm長さのぶつ切り）……30g
にんにく（半分に切る）……1かけ
にんじん（いちょう切り）……30g
セロリ（小口切り）……30g
じゃがいも（大きめの一口大）
　……100g
水……2カップ
ローリエ……1/2枚
塩、白こしょう……各適量

1 鍋に材料を入れる

鍋に白いんげん豆とじゃがいも以外の野菜、生ハム、ローリエを入れる。

2 煮る

水分が少ないと焦げてしまうので、鍋の中を確認し、途中で水を足してください

分量の水を加えて強火にかけ、一度沸騰させ、蓋をして中火で30分ほど煮る。途中、水分が少なくなったら、水を足して調整する。

3 いんげん豆、じゃがいもを加える

ゆでた豆やじゃがいもは煮くずれやすいので、後入れにします

白いんげん豆、じゃがいもを加える。

4 蓋をして煮る

仕上がったときに、スプーンが刺さるくらいの濃度がグー！

蓋をして45分〜1時間煮て、塩、白こしょうで味を調える。

PART 1　絶対作りたい！フランス家庭の定番スープ

Garbure

Best 8 パンスープ の作り方

材料(2人分)

バゲット(かたくなったもの)……50g
水……2カップ
塩……ひとつまみ
生クリーム……1/2カップ
無塩バター……20g
白こしょう……適量

1 パンを煮る

混ぜすぎると、パンがどろどろになってしまうので注意

鍋にバゲット、分量の水、塩を入れ、蓋をして弱火で1時間強煮る。

2 1時間煮た状態

1時間ほど煮ると、パンが水分を吸い込み、ふやけてとろりとする。

3 生クリーム、バターを加え、温める

生クリームとバターでコクを出したら、完成です

生クリーム、バターを加えて中火で温め、バターを溶かす。器に盛り、白こしょうをふる。

La panade

Best 9

定番ポタージュも遊び心たっぷりに！

とうもろこしのポタージュ

Crème de maïs

日本人に大人気のポタージュといえば、これ。
とうもろこしは生が手に入ればもちろんそちらでもいいのですが、
最近の冷凍コーンはとても優秀で水分も色も出やすいので、僕はこちらもおすすめ。
トッピングのポップコーンはコーンつながりで、という遊び心。
カレー粉をまぶしてスパイシーに仕上げました。

作り方——P30

合わせるなら！　甲州白ワインは、とうもろこしの甘みと果実味に合います。
甲州ワインの味わいはバラエティ豊かなので、少し甘みを感じるさっぱりとしたタイプがおすすめです

Best 10

みんなが大好きなやみつき味

にんにくスープ

にんにく好きの僕が「にんにくをたっぷり使ったおいしい食べるスープを！」と
オニオングラタンスープをヒントに考えたのがこのスープです。
世の中にもにんにく好きはいっぱいいるようで、YouTubeでの人気も絶大！
今回はポーチドエッグをのせて、さらに濃厚な味わいに仕立てました。

作り方——p31

Soupe à l'ail

合わせるなら！ にんにくのパンチきいたこのスープとビールの相性は最高です。暑い夏の日にぜひ試してみてください！

Best 9 とうもろこしのポタージュ の作り方

材料（2人分）

冷凍とうもろこし……200g
玉ねぎ（みじん切り）……30g
にんにく（みじん切り）……1/2かけ
牛乳……1カップ

オリーブ油……小さじ1
塩、白こしょう……各適量
ポップコーン……ひとつかみ
カレー粉……ひとつまみ

1 野菜を炒める

> コーンの色を出したいので、玉ねぎは焼き色をつけないように炒めてください

鍋にオリーブ油を熱し、玉ねぎ、にんにくを入れて中火でさっと炒める。冷凍とうもろこしを冷凍のまま加え、塩ひとつまみを加えて弱火で5分ほど炒める。

2 牛乳で煮る

牛乳を加え、強火にかけて一度沸騰させ、蓋をして弱火で10分ほど煮る。

3 ミキサーでなめらかにする

> お好みで冷たいスープにしても。その場合は氷水入りのボウルにのせ、冷やします

2の粗熱がとれたらミキサーに入れて撹拌し、なめらかにする。鍋に移して中火で温め、塩、白こしょうで味を調える。

4 仕上げ

> ポップコーンの食感と、カレーの風味が楽しい！

ポリ袋にポップコーン、カレー粉を入れ、袋をふって全体にまぶす。器に3のスープを盛り、ポップコーンをトッピングする。

Crème de maïs

Best 10 にんにくスープ の作り方

材料（直径8cmの耐熱カップ2個分）

にんにく（みじん切り）……4かけ
玉ねぎ（薄切り）……80g
ベーコン（細切り）……20g
パセリ（粗いみじん切り）……大さじ1
無塩バター……10g
水……2カップ
塩……適量
黒こしょう……少々
食パン（器に合わせてカットし、トーストする）……2枚
ポーチドエッグ（右下参照）……2個
溶けるチーズ……10g

1 玉ねぎ、ベーコンを炒める

> にんにくは焦げやすいので、玉ねぎがしんなりしてから加え、じっくり炒めます

鍋にバターを溶かし、玉ねぎを中火で炒める。しんなりしたらにんにくを加えて弱めの中火で炒め、香りが出たらベーコンを加え、塩ひとつまみをふる。

2 煮る

計10分ほど炒めたら、分量の水を加えて強火にかけて一度沸騰させ、蓋をして中火で15分ほど煮る。パセリを加え、塩、黒こしょう各少々で味を調える。

3 オーブンで焼く

耐熱容器に2を盛り、食パン、ポーチドエッグ、チーズをのせ、オーブントースターで色づくまで焼く（オーブンなら250℃で5分ほど）。

ポーチドエッグの作り方

1 小さなボウルに卵を割る。鍋に湯1Lを沸かして酢1/2カップを入れ、煮立ったらボウルを少し湯につけながら鍋の端に（鍋の縁に向かって）卵を静かに落とす。

2 強火にかけ、固まってきたら中火にして2分ほどゆでて火を通し、穴あきお玉ですくい上げる。

3 ペーパータオルなどに取り出し、水けをきる。

> ガス火の場合、鍋の端のほうから沸騰して中央へと対流するので、端に卵を落とすと卵白が散らずに固まります。中央に入れると卵がパーッと散ってしまうので注意

Soupe à l'ail

Dashi だし①
鶏むね肉のポシェのゆで汁

「ポシェ」とはフランス語で「ゆでる」の意味です。
ここでは鶏むね肉をゆで、そのゆで汁をだしとして使います。
ゆでた肉はサラダチキンとして楽しめる、一度で二度おいしい料理です。

Poitrines de poulet pochées

材料（作りやすい分量）

- 鶏むね肉（皮なし）……2枚（500g）
- 水……1L
- 塩……ひとつまみ
- ローリエ……1枚
- 香味野菜*……適量（片手にのるくらい）

*セロリの葉、にんじんの皮やヘタ部分、パセリの茎、玉ねぎなど冷蔵庫に残っているものでよい

1 鍋に分量の水を入れて強火にかけ、沸騰したら塩、ローリエ、香味野菜を加えて煮る。

2 再び沸騰したら鶏肉を入れ、再び沸騰したら蓋をし、火を止めて15分ほどおく。

食中毒防止のため、必ず温度と時間を守ってください

3 鶏肉の中心温度が75℃になった状態で1分過ぎたらでき上がり。鶏肉を取り出し、スープはざるに布をのせて濾す。

Mikuni's voice

ゆでた鶏むね肉はソース（ゆで卵とマスタードや酢を混ぜたものなど）をかけて食べたり、サラダやサンドイッチの具材としていただきましょう

鶏むね肉のポシェのゆで汁で作るスープ
長ねぎとパンのスープ アルザス風

材料（2人分）と作り方

1 小鍋にバター10gを溶かし、長ねぎ（斜め薄切り）150gを入れ、塩ひとつまみをふって弱火で10分ほど炒める。

2 鶏むね肉のポシェのゆで汁1・1/2カップ、かたくなったパン20gを加え、蓋をして弱火で20分煮る。

3 粗熱がとれたら生クリーム1/4カップを加え、ミキサーで撹拌してなめらかにする。鍋に入れて温め、塩、白こしょう各適量で味を調える。器に盛り、あれば長ねぎの薄切りをのせる。

Soupe alsacienne aux poireaux

PART 2

旬を味わう 季節の野菜スープ

季節の野菜は、
その時期に私たちの体に必要な栄養を含んでいます。
一年中何でも手に入るようになってきた今だからこそ、
旬の食材を使ったスープを楽しみましょう。

秋

秋の食材はねっとり。
ポタージュにして味わう

食欲の秋といわれるように、秋にはおいしい食材がたくさん出回ります。ごぼうやれんこんなどの根菜、さつまいもなどのいも類……。甘く、味が濃い食材を生かすにはポタージュがぴったり。牛乳やクリームでクリーミーに仕上げたスープは、喉をとろりと通ってスーッと染みわたり、夏の疲れた体をやさしく癒やし、冬に向けてパワーをチャージしてくれます。

リッチな味わい

栗のポタージュ

生の栗が手に入ったら、ぜひ作ってほしい料理です。
スパイスの女王といわれるカルダモンで、すがすがしい香りをつけ
カリカリに焼いたベーコンをのせたら、極上ポタージュが完成します。

材料（2人分）

むき栗（生）──300g	無塩バター──20g
カルダモン──1粒	塩──小さじ1
水──1・1/2カップ〜	ベーコン（お好みで）──2枚
生クリーム、牛乳──各1/4カップ	ピンクペッパー（お好みで）──適量

Potage de châtaignes

1. **栗をゆでる[a]**
鍋にむき栗、分量の水（かぶるくらい）、カルダモンを入れて
強火かけ、一度沸騰させ、蓋をせずに中火で20分煮る。
> 栗がやわらかくなればOKですよ〜

2. **ミキサーでなめらかにする[b]**
1の粗熱がとれたらミキサーに入れて撹拌し、なめらかにする。
> 必ず粗熱がとれてからミキサーに入れてください。なめらか加減はお好みで

3. **牛乳でのばし、温める[c]**
鍋に2、生クリーム、牛乳、バター、塩を入れ、
強火にかけて沸騰直前まで温める。器に盛り、
カリッと香ばしく焼いたベーコン、ピンクペッパーをのせる。
> 牛乳でのばしたなめらかなポタージュにカリカリのベーコン。
> このコントラストがたまりません

ほのかな甘みが上品

ゆり根のスープ

材料(2人分)

ゆり根……1個(200g)
長ねぎ(白い部分・小口切り)……1本
無塩バター……10g
昆布水(P119)、牛乳
　……各3/4カップ
塩……小さじ1/2
白こしょう……適量

1. ゆり根はおがくずを洗い流し、黒い部分があれば取り除いて鱗片を1枚ずつはがす。[a]
2. 鍋にバターを溶かし、長ねぎを弱火で5分ほど炒め、しんなりしてきたら昆布水、1を加えて強火で一度沸騰させ、蓋をして弱火で15分煮る。飾り用にゆり根少々を取り分ける。
3. 粗熱がとれたら、ミキサーで攪拌し、なめらかにする。
4. 鍋に移し、牛乳を加えて温め、塩、白こしょうで味を調える。器に盛り、取り分けたゆり根を飾る。

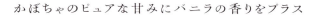

かぼちゃのピュアな甘みにバニラの香りをプラス

かぼちゃのヴルーテバニラ風味

材料(2人分)

かぼちゃ(皮をむき、薄切り)……50g
牛乳……1カップ
無塩バター……10g
塩、白こしょう……各少々
バニラエッセンス*
　……数滴(あればバニラのさや5cm)
牛乳(泡立て用)……適量

＊バニラのさやを使う場合は、1で加え、ミキサーにかける前に取り出す。

1. 鍋にかぼちゃ、牛乳を入れ、強火にかけて一度沸騰させ、蓋をして中火で15分ほど煮る。
2. 粗熱がとれたら、ミキサーで攪拌し、なめらかにする。
3. 鍋に2、バターを入れて中火で温め、塩、バニラエッセンスで味を調え、器に盛る。
4. 牛乳を温めて泡立てたもの(P85)3にのせ、白こしょうをふる。

(65℃を超えると、泡が壊れやすいので注意。)

大地の香りが口いっぱいに広がる

ごぼうのポタージュ トリュフの香り

材料(2人分)

ごぼう(斜め薄切り)……60g
玉ねぎ(薄切り)……40g
ベーコン(細切り)……20g
無塩バター……8g
水……1カップ
塩、白こしょう、トリュフ塩
　(お好みで)……各少々

1. 鍋にバターを溶かし、ベーコン、玉ねぎ、ごぼうを中火で5分ほど炒め、ごぼうの香りを引き出す。[a]
2. しんなりしたら分量の水を加え、強火で一度沸騰させ、蓋をして中火で10分ほど煮る。
3. 粗熱がとれたら、ミキサーで攪拌し、なめらかにする。
4. 鍋に移して温め、塩、白こしょうで味を調える。器に盛り、トリュフ塩をふり、お好みで薄切りにしてカリカリに揚げたごぼう(分量外)をのせる。

(トリュフ塩があれば上品に仕上がりますが、なくてもOK)

PART 2　旬を味わう季節の野菜スープ

Soupe aux YURINES

Velouté de potiron à la vanille

Potage de gobô, Sel à la truffe

香ばしく濃厚な一品
焼きいもとミモレットのスープ

さつまいもを焼いてからポタージュにすると、甘みと香ばしさがアップします。
ねっとりと濃厚で、まさに食べるポタージュ。
鮮やかなオレンジ色のミモレットで見た目と味にアクセントを。

材料（2人分）
さつまいも（皮つき・3cm厚さの輪切り）
　──小1本（300g）
玉ねぎ（薄切り）──1/4個
オリーブ油──大さじ1
塩、白こしょう──各適量
無塩バター──30g
水──3/4カップ
牛乳──1カップ
ミモレット──20g

1　オーブンでさつまいもを焼く
オーブンの天板にオーブンシートを敷き、さつまいもを並べ、オリーブ油、塩ひとつまみを全体にふり、180℃に予熱したオーブンで40分焼く。

2　バターで玉ねぎを炒める
鍋にバターを溶かし、玉ねぎを弱火で6分ほど炒める。
（透明になるまでじっくり炒めて、甘みを引き出します）

3　煮る
2に1、分量の水、塩少々を加え、強火で一度沸騰させ、さつまいもをつぶしながら中火で10分ほど煮る。

4　ミキサーでなめらかにする
粗熱がとれたらミキサーに入れて攪拌し、なめらかにする。

5　温め、味を調える
鍋に移し、牛乳を加えて温め、塩、白こしょうで味を調える。
器に盛り、ミモレットを削って散らす。

Soupe aux carottes et au gorgonzola

チーズソースがリッチな味わい
にんじんとゴルゴンゾーラのスープ

栄養満点のにんじんですが、苦手な人も多い野菜。
ポタージュにすると、甘みやうまみが前面に出てきて食べやすくなります。
ここではクセの強いゴルゴンゾーラで作ったソースをかけ、大人のスープに仕上げます。

材料（2人分）
- にんじん（薄切り）……2本（250g）
- セロリ（薄切り）……1/2本
- 無塩バター……10g
- 牛乳……1カップ
- 塩……小さじ1/4
- 白こしょう……適量

[ゴルゴンゾーラソース]
- ゴルゴンゾーラ……20g
- 生クリーム……60g

1 バターでにんじん、セロリを炒める
鍋にバターを溶かし、にんじん、セロリを入れ、しんなりするまで中火で5分ほど炒める。
> あまり強くない火加減で、じっくりと炒めたほうが甘みが出ます

2 牛乳で煮る
牛乳を加え、強火で一度沸騰させ、蓋をして中火で20分ほど煮る。
> 牛乳は煮立てるとふきこぼれるので、グツグツさせない火加減で煮ます

3 ミキサーでなめらかにする
2の粗熱がとれたらミキサーに入れて攪拌し、なめらかにする。

4 温め、味を調える
鍋に移して温め、塩、白こしょうで味を調える。

5 ソースを作る
小鍋にゴルゴンゾーラ、生クリームを入れて中火にかけ、ゴルゴンゾーラを溶かし、とろみがつくまで温める。
器に4を盛り、ソースをかける。

冬

冬はごろごろ食材のスープを食べて温まる

冬の寒さに耐える体をつくるためには、たくさんの具材を詰め込んだ栄養満点のスープがおすすめです。旬を迎え、甘みが増したこの季節ならではの大根や白菜、キャベツなどをいつもよりも大きめに切り、コトコト煮込みましょう。時間をかけてスープを作るのもこの季節ならではの醍醐味。作っているそばから部屋中にスープのいい香りがふわ〜っと広がり、心も温かくなりますよ。

一口ごとにおいしさじわじわ！
究極のロールキャベツ

今回ご紹介するロールキャベツは、思いっきりシンプルです。肉だねを包んだキャベツを煮るのは、キャベツのゆで汁と白ワインと塩、ローリエだけ。ゆで汁というのがポイントで、あっさりしているようでじんわりとキャベツの甘みと香りが口の中に広がります。

材料(2人分)

キャベツ──大4枚
肉だね
　豚ひき肉──200g
　玉ねぎ(みじん切り)──30g
　にんにく(みじん切り)
　──小さじ1/2
　とき卵──1/2個分
　小麦粉──小さじ1
　ナツメグパウダー──適量
　塩──小さじ1/4
　黒こしょう──適量
熱湯──3・1/2カップ

A　キャベツのゆで汁
　──2・1/2〜3カップ
　白ワイン──1/4カップ
　塩──小さじ1
　ローリエ──1枚

40　PART 2　旬を味わう季節の野菜スープ

1	**キャベツをゆでる** キャベツは分量の熱湯で芯がやわらかくなるまでゆで、ざるに上げて水けをしっかりきる。ゆで汁はとっておく。芯の部分をそいで平らにする。
2	**肉だねの材料を混ぜる** ボウルに肉だねの材料を入れ、粘りが出るまで練り混ぜる。4等分に分け、俵形にする。
3	**包む** [a] [b] [c] 1のキャベツを広げ、2をひとつずつ中央にのせ、上下、左右を内側に折って包む。
4	**煮る** 鍋に3を巻き終わりを下にして並べ、Aを加え、強火にかけて一度沸騰させ、蓋をして弱めの中火で30分ほど煮る。

41

とろとろの白菜が何よりおいしい
白菜と鶏だんごのスープ

中国の獅子頭(シーズートウ)のアレンジです。
この料理のおいしさは、肉だんごとそのうまみを吸い込んだ春雨、とろとろに煮込んだ白菜です。
僕の鶏だんごにはちょっとした仕掛けがあり、刻んだきくらげを混ぜて食感を楽しくしました。
しょうゆベースのスープはご飯との相性もよし！です。

材料（2人分）

白菜（細切り）……2枚（200g）
干ししいたけ（水でもどし、薄切り）
　　……2枚
春雨（ぬるま湯でもどし、食べやすく切る）
　　……20g
肉だんご
　┃鶏ひき肉……200g
　┃干しきくらげ
　┃（水でもどし、粗いみじん切り）……2枚
　┃しょうが（すりおろす）……小さじ1
　┃塩……小さじ1/2
　┃片栗粉……大さじ1
ごま油……小さじ1
A 水……2・1/2カップ
　┃紹興酒（または酒）、しょうゆ
　┃　……各大さじ1
　┃塩……小さじ1/2
塩、白こしょう、黒こしょう
　　……各適量

1 肉だんごを作る
ボウルに肉だんごの材料を入れ、よく練り混ぜる。
4等分し、平たく丸める。

2 焼く[a]
鍋にごま油を熱し、1の肉だんごを入れて中火で焼く。
焼き色がついたら返し、もう片面も同様に焼く。

> 焼きつけたときにできる焼き色がうまみの素になり、香ばしさも出ます。煮くずれ防止の役目も

3 煮る
A、白菜、干ししいたけを加え、強火で一度沸騰させ、
蓋をして中火で15分ほど煮る。

4 春雨を加え、温める
春雨を加え、強火で一度沸騰させ、
味を見て塩、白こしょうで調える。器に盛り、黒こしょうをふる。

> 春雨はスープを吸ってしまうので、最後に加えます。温まればOK

a

PART 2　旬を味わう季節の野菜スープ

Soupe aux boulettes de poulet et au chou chinois

豆乳で作るヘルシースープ
カリフラワーのミネストローネ

白い野菜ばかりを豆乳で煮て作るスープ。
色が同じ野菜は見た目がきれいなだけでなく、実は味わい的にも相性がいいんです。
カリフラワーのホクホク感、れんこんのコリコリ感、くったっとした長ねぎ……。
いろいろな食感が口の中で楽しい。

材料（2人分）

- カリフラワー（小房に分ける）……1/6個（50g）
- 長ねぎ（白い部分・1cm長さに切る）……1本分
- かぶ（1cm角に切る）……1個
- れんこん（1cm角に切る）……30g
- ベーコン（1cm幅に切る）……1枚
- 白いんげん豆（ゆでたもの）……100g
- オリーブ油……小さじ2
- 昆布水（P119）……1/2カップ
- 豆乳……1/2カップ
- 塩……小さじ1/4
- 白こしょう……適量

1 ベーコンを炒める
鍋にオリーブ油を熱し、ベーコンを中火で軽く炒める。

2 野菜を煮る[a]
カリフラワー、長ねぎ、かぶ、れんこん、白いんげん豆、昆布水を加え、強火にかけて一度沸騰させ、蓋をして弱火で20分ほど煮る。

> 少ない水分で野菜を煮て、うまみと甘みを引き出します。フランスのエチュベ（蒸し煮）という手法です

3 豆乳を加える
豆乳を加えて強火にかけ、沸騰直前まで温める。塩、白こしょうで味を調える。

> 豆乳は沸騰すると固まって分離するので、火加減には注意してください

Minestrone de chou-fleur

Soupe de morue et d'épinards

たらと豆乳のやさしいコンビ
たらとほうれん草のスープ

たらの上品な味わいを生いかすため、豆乳を使って白いスープに仕上げました。
発酵調味料の塩麹と甘酒をダブルで使ったら、味わい深いスープに。
スーッと爽快なゆずこしょうの辛みがアクセント。

材料(2人分)

生だら(2〜3等分に切る)……2切れ
ほうれん草……2株
塩……適量
昆布水(P119)……1カップ
A 塩麹……大さじ1
　甘酒……1/4カップ
　豆乳……1/2カップ
ゆずこしょう(お好みで)……適量

1 たら、ほうれん草の下ごしらえ
たらは塩ふたつまみをふって30分ほどおき、
出てきた水分をペーパータオルで拭き取る。
ほうれん草は塩少々を入れた熱湯でさっとゆで、
水けを絞って3cm長さに切る。

> たらに塩をふると、浸透圧の関係で水分が出てきます。
> この水分には臭みもあるので、拭き取ると食べやすくなります

2 煮る
鍋に昆布水、1のたらを入れて強火にかけ、
一度沸騰させてアクを取り、蓋をして中火で15分煮る。

3 味を調える
Aを加えて強火にかけ、沸騰直前まで温める。

4 仕上げ
器に3を盛り、1のほうれん草、ゆずこしょうをのせる。

スパイシーな香りが食欲をそそる
レンズ豆とチョリソーのスープカレー

レンズ豆はフランスなどヨーロッパだけでなく、中東やアジアでもポピュラー。
水でもどす必要もなく、使い勝手がいい豆です。
相性バツグンのチョリソーを合わせ、スパイシーなカレー味にしました。

材料（2人分）
- レンズ豆（皮つき・軽く洗い、水けをきる）……80g
- チョリソー（2cm長さに切る）……100g
- 玉ねぎ（粗いみじん切り）……1/2個
- しょうが（粗いみじん切り）……1かけ
- にんにく（粗いみじん切り）……1かけ
- オリーブ油……大さじ1
- A カレー粉……大さじ3
  - トマト缶（パックでも可）……100g
  - 塩……小さじ1
- 水……2・1/2カップ
- 塩、白こしょう……各適量
- ポーチドエッグ（P31）……2個

1 香味野菜、スパイスを炒める
鍋にオリーブ油を熱し、玉ねぎ、しょうが、にんにくを入れ、弱火で8分ほど炒める。
少し色づいたら、Aを加え、中火で2分ほど炒める。

> カレー粉を炒めると香りが出ます。
> 焦げると苦みが出るので、注意しながら炒めてください

2 煮る
レンズ豆、チョリソー、分量の水を加え、強火で一度沸騰させ、蓋をして弱火で20分煮る。
途中、水分が少なくなったら水を足し、塩、白こしょうで味を調える。

3 仕上げ
器に盛り、ポーチドエッグをのせる。

たった2つの主材料だけでこのうまみ
大根とスペアリブのスープ

骨からうまみが出るので、この料理にはぜひ骨つきの肉を使ってください。
しっかり表面を焼きつけ、その焼き色でおいしさの素を作り、
そこに甘みが増した季節の大根を加えてうまみをからめ、煮ていきます。
煮る時間はかかりますが、手間はかかりません。

材料（4人分）
スペアリブ……4本（250g）
大根（5mm厚さの半月切り）……200g
しょうが（薄切り）……1かけ
ごま油……大さじ1
水……1L
塩……小さじ1
米酢……大さじ1
塩、黒こしょう……各適量
粒マスタード（お好みで）……適量

［辛みじょうゆ］
しょうゆ……小さじ2
豆板醤……小さじ1
豆豉（粗みじん切り）……5粒

1 肉、大根を炒める
鍋にごま油を熱し、スペアリブを入れて中火で焼く。
表面に焼き色がついたらしょうがを加えて炒め、
香りが出たら大根を加え、全体に油をなじませるように炒める。
（肉の表面を焼きつけると、その焼き色がうまみの素になります）

2 煮る[a]
分量の水、塩、米酢を加えて強火にかけ、
一度沸騰させてアクを取り、中火にして蓋をせずに40分煮る。
途中、水分が少なくなったら水を足す。
（酢を加えると肉がやわらかくなり、コクも出ます）

3 味を調える
肉がやわらかくなったら塩、黒こしょうで味を調える。
器に盛り、粒マスタード、混ぜ合わせた辛みじょうゆを添える。

a

Soupe de radis et de côtes levées

春夏

春夏の食材は自由な発想のスープで食卓に新しい風を！

春には、眠っていた体を目覚めさせるような苦みのある野菜やさわやかな食材が、夏にはカリウムなどを豊富に含んだ色鮮やかな野菜が登場します。それらをさらりと煮て、食材そのものの味わいを生かすのがこの季節のスープです。ときには酸味や辛みをクッときかせたり、キンキンに冷やしてどうぞ。

お好みの春野菜を穏やかにまとめて

春野菜と麦のスープ

野菜は炒めず、水で煮るだけ。こうするとさらりとやさしい味に仕上がるんです。
そこに、もち麦をプラスし、プチプチ食感をアクセントにします。
味つけはとてもシンプルですが、生ハムの塩味が入り、
バターでコクをつければ十分おいしくなります。

材料（2人分）

もち麦……30g
玉ねぎ（1cm角に切る）……1/2個
かぶ（6等分に切る）……1個
ラディッシュ（半分に切る）……2個
ヤングコーン（一口大に切る）……2本
スナップえんどう（筋を取る）……4本
生ハム（一口大に切る）……2〜4枚
無塩バター……30g
水……2カップ
塩……小さじ1/2
白こしょう……適量

50　PART 2　旬を味わう季節の野菜スープ

Soupe aux légumes printaniers et à l'orge

1 もち麦をゆでる
鍋にたっぷりの湯を沸かしてもち麦を入れ、
弱火で15分ほどゆでる。
ざるに上げ、流水で軽くぬめりを取り、水けをきる。
　もち麦はゆでると表面がぬるぬるするので、流水で表面を軽く洗いましょう [a]

2 煮る
鍋に1、野菜、生ハム、バター、分量の水、塩を入れて
強火にかけ、一度沸騰させ、蓋をして弱火で15分煮る。
　生ハムはうまみ、バターはコク出し。この2つで味が決まります

3 味を調える
野菜がやわらかくなったら火を止め、白こしょうで味を調える。

a

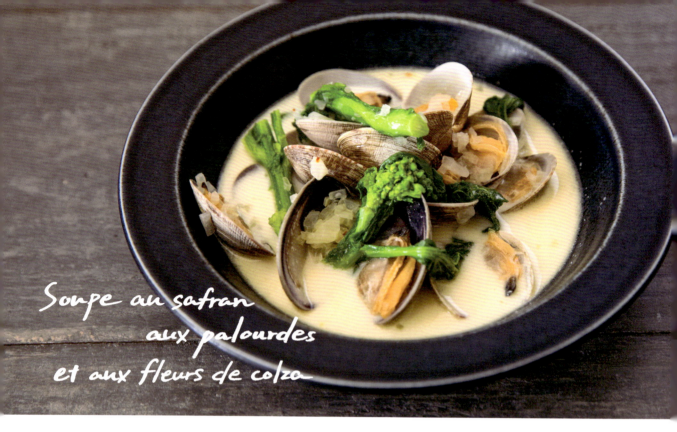

春の味覚を組み合わせて
あさりと菜の花のサフランスープ

おいしいだしが出るあさりを使い、ほろ苦さが身上の菜の花を加えたら、春の味覚満載。
サフランは高価ですが、美しい黄色と独特の香りで一気に料理がランクアップします。

材料(2人分)
- あさり(砂出し済み)——250g
- 菜の花(2cm長さに切る)——4本
- 玉ねぎ(みじん切り)——1/2個
- サフラン——ひとつまみ
- 水——1カップ
- 無塩バター——20g
- 白ワイン——1/2カップ
- 生クリーム——1/4カップ
- 塩、白こしょう——各適量

1 サフランを水につける
サフランは分量の水につけ、色と香りを水につける。
> サフランは鮮やかな色と独特の香りが魅力。水につけて色を出し、その水ごと料理に使います

2 バターで玉ねぎを炒める
鍋にバターを溶かし、玉ねぎを加え、透明になるまで中火で5分ほど炒める。
> 玉ねぎを炒めて甘みとうまみを出します。このスープの場合は透明感が出てくればOK

3 あさりを煮る
あさり、白ワインを加え、1を水ごと入れ、蓋をせずに弱火にかけ、あさりの殻が開くまで5分ほど煮る。
> あさりは火を通しすぎるとかたくなるので、煮すぎないように注意しましょう

4 仕上げ
生クリーム、菜の花を加えて強火にかけ、沸騰直前まで温め、塩、白こしょうで味を調える。

Velouté d'asperges à l'œuf poché

目の覚めるようなグリーンが美しい
アスパラヴルーテ ポーチドエッグとともに

「ヴルーテ」はフランス語で「なめらかな」という意味で、濃厚なスープを表します。
アスパラガスと相性バツグンの卵をポーチドエッグにしてトッピングすれば、食べ応えも満点です。

材料（2人分）

- グリーンアスパラガス（細め）……100g
- 新玉ねぎ（薄切り）……40g
- 無塩バター……8g
- 水……3/4カップ
- 塩、白こしょう……各適量
- ポーチドエッグ（P31・または温泉卵）……2個
- ベーコン（お好みで）……2枚
- 粉チーズ（お好みで）……適量

1 アスパラガスの下ごしらえ
アスパラガスは根元の固い部分を2cmほど切り落とし、穂先3cmを飾り用にし、残りは5〜6mm長さに切る。

2 バターで玉ねぎを炒める
鍋にバターを溶かし、玉ねぎを入れ、中火で5分ほど炒める。

3 煮る
しんなりしたら分量の水、塩少々を加え、強火にかけて一度沸騰させ、蓋をして中火で5分煮る。
1を加え、蓋をして2〜3分煮て、アスパラガスの穂先を取り分ける。

4 ミキサーでなめらかにする
3の粗熱がとれたらミキサーに入れて攪拌し、なめらかにする。

5 温め、味を調える
4を鍋に移して温め、塩、白こしょうで味を調える。
器に盛り、アスパラガスの穂先、ポーチドエッグをのせ、お好みでカリカリに焼いたベーコンをのせ、粉チーズをふる。

Soupe de pommes de terre

少し煮くずれたじゃがいもが美味
新じゃがのスープ

粘りが少なく、香りのいい新じゃがで作る、シンプルなスープです。
仕上げにはパセリをたっぷりと。
風味はもちろん、見た目にもさわやかさをプラスしてくれます。

材料(2人分)

新じゃがいも(5mm厚さの半月切り) ……2個(200g)
にんにく(みじん切り)……小さじ1
ラード……小さじ1
水……1カップ
塩麹……大さじ1
牛乳……1/2カップ
パセリ(みじん切り)……1束

1 じゃがいも、にんにくを炒める
鍋にラードを熱し、じゃがいも、にんにくを中火で炒める。全体に油が回ればOK。
> できればラードがおすすめ。コクが出てラードならではの風味もつきます

2 煮る[a]
分量の水、塩麹を加え、強火にかけて一度沸騰させ、蓋をして弱火で15分煮る。
> じゃがいもが少しくずれるくらいまで煮ましょう

3 牛乳を加える
牛乳、パセリを加え、中火で沸騰直前まで温める。
> 牛乳を加えたら沸騰させない！これ鉄則です。分離してしまいますので

a

Soupe d'avocat et de crabe

驚くほどクリーミー
アボカドとかにのスープ

アボカドは脂質が多く、ねっとりしているので、ポタージュ・リエ（濃度のあるスープ）に向いています。そのままでも十分おいしいですが、フランベしたかにをトッピングしてオシャレに。

材料（2人分）
アボカド（ざく切り）……1個
かにのほぐし身（軟骨は除く）……50g
オリーブ油……小さじ1
ブランデー……小さじ2
水……3/4カップ
牛乳……1カップ
塩……小さじ1/2〜1
ミニトマト（お好みで）……1個

1 かにを炒め、フランベする[a]
フライパンにオリーブ油を熱し、かにの身を強火でさっと炒め、ブランデー小さじ1を加えてフランベする。

> フランベしてかにに香りをつけます。
> フランベするときは、近くに物を置かず、炎がおさまるまでは離れないこと

2 ミキサーでなめらかにする
ミキサーにアボカド、分量の水を入れて撹拌し、なめらかにする。

3 温め、味を調える
鍋に2、牛乳、ブランデー小さじ1、塩を入れ、中火で沸騰直前まで温める。器に盛り、1のかに、半分に切ったミニトマトをのせる。

> スープにもブランデーを加えると、大人の味に早変わり

a

淡いひすい色が涼やか
なすのスープ

夏から秋に旬を迎えるなすのさっぱりとしたスープです。ここでは手軽に電子レンジで加熱して作りましたが、焼いて皮をむいたものを使うと香ばしさが加わり、さらにおいしくなります。

材料（2人分）
なす……2〜3本（200g）
玉ねぎ（薄切り）……1/4個
オリーブ油……大さじ1
水……1/2カップ
塩麹……大さじ1
牛乳……1/2カップ
白こしょう……適量
生ハム……2枚

1　なすの下ごしらえ[a]
なすは皮をむき、ひとつずつラップで包み、電子レンジ（600W）で3分加熱する。粗熱がとれたら、細かく刻む。
（電子レンジで加熱しておけば炒める時間が短くなります）

2　なす、玉ねぎを炒める
鍋にオリーブ油を熱し、なす、玉ねぎをしんなりするまで弱火で1〜2分炒める。

3　煮る
分量の水、塩麹を加えて強火にかけ、一度沸騰させ、蓋をして弱火で10分煮る。
（なすは淡泊な味なので、塩麹などでうまみを加えるとおいしくなります）

4　ミキサーでなめらかにする
3の粗熱がとれたらミキサーに入れて攪拌し、なめらかにする。

5　温め、味を調える
鍋に4、牛乳を入れて温め、白こしょうで味を調える。器に盛り、生ハムをくるりと巻いてのせる。

a

暑い夏にキンキンに冷やしてどうぞ
きゅうりの冷製スープ

夏バテにもおすすめのスープです。きゅうり本来の濃いグリーン色に仕上げたいので、できたら皮の部分が多い細めのものを。タバスコでピシッと辛みを利かせると、味が引き締まります。

材料(2人分)

きゅうり(細め)——130g
玉ねぎ(薄切り)——20g
じゃがいも(薄切り)——40g
オリーブ油——小さじ1
塩、白こしょう——各適量
水——80mL*
タバスコ(グリーン)——数滴
きゅうり(飾り用)——5cm

*「鶏むね肉のポシェのゆで汁」(P32)を使うと、よりおいしい!

1 きゅうりの下ごしらえ
きゅうりは皮をむき、5mm厚さの小口切りにする。皮はざく切りにする。飾り用のきゅうりは斜め薄切りにしてからせん切りにする。

2 玉ねぎ、じゃがいもを炒める
鍋にオリーブ油を熱し、玉ねぎを入れて塩ひとつまみをふり、中火でさっと炒める。じゃがいもを加え、軽く炒める。

3 煮る
分量の水を加え、強火にかけて一度沸騰させ、蓋をして弱火で10分煮る。じゃがいもがやわらかくなったら小口切りのきゅうりを加え、さらに1〜2分煮て、きゅうりの皮を加えてすぐに火を止める。

4 ミキサーでなめらかにする
3の粗熱がとれたらミキサーに入れて撹拌し、なめらかにする。

5 冷やす
4をボウルに移し、氷水を入れたボウルにのせ、混ぜながら冷やす。塩、白こしょうで調味。器に盛り、タバスコ、飾り用のきゅうりをのせる。

心地よい酸味がクセになる
トマトのクリームスープ アンチョビー風味

トマトの酸味に生クリームでまろやかさを加えたトマトクリームは、万人受けする味わい。
ほんのりととろみをつけると、喉ごしのいいスープになります。
アンチョビーペーストを塗ったトーストをトッピングすれば、一気にレストラン風になりますよ。

材料(2人分)
- トマト(ざく切り)——120g
- 玉ねぎ(薄切り)——30g
- 無塩バター——10g
- 小麦粉——5g
- 水——120mL
- 生クリーム——10g
- 塩——適量

[トッピング]
- バゲット(7mm厚さ・トーストする)——2枚
- アンチョビーペースト——大さじ1

1 バターで玉ねぎを炒める[a][b]
鍋にバターを溶かし、玉ねぎを中火で2分ほど炒める。
しんなりしたら小麦粉をふり、粉っぽさがなくなるまで炒める。
> 粉をふったら、しっかり炒めて粉臭さをなくします。ただし、焼き色をつけないよう注意を

2 煮る
トマト、分量の水を順に加え、
強火で一度沸騰させ、蓋をして弱火で10分煮る。

3 ミキサーでなめらかにする
粗熱がとれたら2に生クリームを加え、
ミキサーに入れて撹拌し、なめらかにする。

4 温め、味を調える
3を鍋に移して温め、塩で味を調える。
> トッピングのアンチョビーペーストの塩味が強めなので、スープの塩は控えめに

5 仕上げ
バゲットにアンチョビーペーストを塗り、器に盛った4にのせる。

隠し味にみそを加えて
枝豆のスープ

昆布水と白みそを使った和テイストのスープです。
枝豆に、白みそのコクと甘みがよく合います。
トッピングにもちもち食感の白玉をのせると、見た目にもかわいい。

材料（2人分）
- 枝豆——正味160g
- 昆布水（P119）——1カップ
- 塩——小さじ1/4
- 白みそ——小さじ2
- 白玉（市販・お好みで）——適量

1 枝豆の下ごしらえ
枝豆はさやごと塩大さじ1（分量外）でもみ、たっぷりの熱湯で4〜5分ゆでる。ざるに上げ、粗熱がとれたらさやから外す。飾り用に少し取り分ける。

2 ミキサーでなめらかにする
ミキサーに1、昆布水、塩、白みそを入れて攪拌し、なめらかにする。

> 昆布水を使うとより味わい深くなりますよ

3 冷やす
ボウルに移し、氷水を入れたボウルにのせ、混ぜながら冷やす。器に盛り、白玉、飾り用の枝豆をのせる。

中華風のやさしい滋味スープ
冬瓜と貝柱のスープ

冬瓜は味わいこそ淡泊ですが、じっくり煮たときのとろりとした食感がおいしい野菜。
そこで、よいだしが出る干し貝柱のもどし汁を使い、スープにしました。
中国料理ではおなじみの組み合わせです。

材料（2人分）
- 冬瓜（皮をむいて種を取り、1cm厚さの薄切り）——250g
- 干し貝柱——3個
- ミニトマト（半分に切る）——4個
- しょうが（せん切り）——1/4かけ
- 米油——大さじ1
- 水——2カップ
- 紹興酒（または酒）——大さじ1
- 塩——適量
- 白こしょう——少々

1　干し貝柱をもどす
干し貝柱は水1/2カップ（分量外）につけて冷蔵庫で一晩おき、もどす。
> 干し貝柱はじっくり水でもどしておきましょう。このもどし汁がだしになります

2　材料を炒める
鍋に米油、しょうがを入れ、1の貝柱の身を加え、中火で炒める。もどし汁はとっておく。
香りが出たら冬瓜を加え、全体に油が回るまで炒める。

3　煮る
分量の水を加え、強火で一度沸騰させる。貝柱のもどし汁、紹興酒、塩小さじ1/2を加え、蓋をせずに中火で20分煮る。

4　ミニトマトを加え、味を調える
冬瓜がやわらかくなったらミニトマトを加え、強火で一度沸騰させ、塩、白こしょうで味を調える。
> トマトの酸味が、やさしい味のスープにメリハリをプラスします

Soupe aux épices de pastèque

すがすがしいデザートスープ
すいかのスパイススープ

これは食事というよりアヴァン・デセール（最初のデザート）として出したい一品。
キンキンに冷やすと、いくらでも食べられます。
ドライいちじくで甘みとコクを、カルダモンで香りをプラス。

材料（2人分）
すいか（皮をむき、種を取る）……250g
レモン汁……小さじ1
A　ドライいちじく（細かく刻む）
　　……1個（10g）
　　しょうが……薄切り1枚
　　みりん……大さじ2
生クリーム……1/4カップ
カルダモンパウダー……ふたつまみ
すいか（飾り用・お好みで）……適量

1　いちじくをふやかす [a]
耐熱ボウルにAを入れ、
ラップをかけて電子レンジ（600W）で1分加熱し、
しょうがを取り除き、粗熱をとる。
> ドライいちじくはレンジで加熱してふやかし、しょうがの香りをつけます

2　ミキサーでなめらかにする
すいかはミキサーに入れ、
レモン汁、1を加えて攪拌し、なめらかにする。

3　冷やす
器に盛り、冷蔵庫で冷やす。

4　仕上げ
ボウルに生クリーム、
カルダモンパウダーを入れ、
泡立て器で泡立てる。
3に浮かべ、飾り用のすいかをのせる。

a

Soupe à la mangue et au tapioca

マンゴーとオレンジのスペシャルな相性

マンゴーとタピオカのスープ

ねっとりとした濃厚な甘みのあるマンゴーに、
さわやかな酸味のあるオレンジジュースを合わせたデザートスープです。
もちもちっとしたタピオカをトッピングし、食感にリズムをつけました。

材料（2人分）

マンゴー（皮をむいて種を取り、
　一口大に切る）……200g
タピオカ（小粒）……10g
レモン汁……小さじ2
甜菜糖……大さじ1
オレンジジュース（果汁100％）
　……大さじ2

1　タピオカをもどす[a]
タピオカは表示通りにゆで、水にさらして軽く洗い、水けをきる。

2　ミキサーでなめらかにする
ミキサーにマンゴー、レモン汁、甜菜糖を入れて攪拌し、なめらかにする。

> 加糖マンゴーピューレや加糖マンゴージュースを使う場合は、甜菜糖の量を減らしてください

3　オレンジジュースを足す
2をボウルに移し、オレンジジュースを加えて混ぜ、氷水を入れたボウルにのせて冷やす。

4　仕上げ
器に盛り、1のタピオカを飾る。

a

Column 1 小鍋レシピ

鍋に入れたら煮るだけでボリュームたっぷりの、栄養バランスもばっちりの、汁まで飲み干したくなる小鍋料理をご紹介します。

Marmite de cabillaud et lait de soja

体に染みわたる、やさしい味
たらと豆乳の鍋

材料（2人分）

- 甘塩たら（2〜3等分に切る）……2切れ
- 白菜（そぎ切り）……200g
- 長ねぎ（斜め切り）……1/2本
- 豆苗（長さを半分に切る）……1/2パック
- うまみだし（P119）……3/4カップ
- 豆乳……1・1/2カップ

[つけだれ]
- すり白ごま……小さじ2
- ポン酢……大さじ2

1 野菜を煮る
鍋にうまみだし、豆乳、白菜、長ねぎを入れ、蓋をして弱めの中火で10分ほど煮る。
（豆乳は焦げやすく火が入ると分離しやすいので、ときどき混ぜてください）

2 たらを加える
たらを加え、さらに5分煮る。
（たらは加熱しすぎるとかたくなるので、あとから入れます）

3 仕上げ
豆苗を加える。つけだれの材料を混ぜ合わせ、添える。

薬膳風のヘルシー小鍋
さけと白きくらげの鍋

材料（2人分）

- 生ざけ……200g
- 白きくらげ（乾燥）……10g
- れんこん（皮つきのまま縦に切る）……60g
- しめじ（小房に分ける）……1/2パック
- 長いも……60g
- しょうが（皮つきのまま薄切り）……20g
- 豆腐（食べやすく切る）……小1丁（150g）
- A 酒……小さじ1
  ごま油……小さじ2
- うまみだし（P119）……2カップ
- オイスターソース……大さじ2

1 具材の下ごしらえ
白きくらげは水に10分ほどつけてもどす。
さけはAをからめ、下味をつける。長いもはガス火にかざして
ひげ根をさっと焼き、皮つきのまま縦長のくし形に切る。

> 長いもは栄養分が皮にも多く含まれているので、
> ひげ根だけを焼いて皮ごといただきましょう

2 煮る
鍋にうまみだし、白きくらげ、れんこん、しめじ、しょうがを入れ、
強火にかけて一度沸騰させ、
蓋をして弱めの中火で20分ほど煮る。

3 味を調え、さらに煮る
オイスターソースを加えてひと混ぜし、さけ、長いも、
豆腐を加え、さらに10分ほど煮る。

Marmite de saumon et de champignons oreille de judas

Marmite aux champignons et aux épices

塩麹、しょうゆが隠し味
きのこのカレー鍋

材料（2人分）
鶏手羽元──6本
玉ねぎ（くし形切り）──1/2個
お好みのきのこ*（食べやすく切る）──200〜250g
厚揚げ（6等分に切る）──1枚
にんにく（みじん切り）──2かけ
しょうが（みじん切り）──2かけ
オリーブ油──大さじ1
カレー粉、ガラムマサラ──各小さじ1
うまみだし（P119）──2カップ
A 塩麹──小さじ2
　しょうゆ──小さじ1
香菜（お好みで）──適量

＊きのこは3種類くらい入れるのがおすすめ

1 手羽元の下ごしらえ
手羽元は骨に沿って2〜3か所切り込みを入れる。

2 薬味野菜、スパイスを炒める
鍋にオリーブ油、にんにく、しょうが、カレー粉、ガラムマサラを入れて弱火で2分ほど炒める。

（材料を入れてから弱火にかけ、じわじわと火を入れていきます）

3 煮る
香りが出たらうまみだし、手羽元、玉ねぎ、きのこを加え、強火にかけて一度沸騰させ、蓋をして弱めの中火で20分煮る。

4 仕上げ
厚揚げ、Aを加えて10分ほど煮て、香菜をのせる。

テクス・メクスの定番料理を鍋にアレンジ

チリビーンズ鍋

材料（2人分）

合いびき肉……200g
玉ねぎ（さいの目切り）……1/2個
セロリ（茎はさいの目切り、葉は粗いみじん切り）……小1本
塩、白こしょう……各適量
A にんにく（粗いみじん切り）……2かけ
　しょうが（粗いみじん切り）……1・1/2かけ
　赤唐辛子（種を取る）……1本
　チリパウダー……小さじ3
　パプリカパウダー……小さじ2
　オリーブ油……小さじ1
B キドニービーンズ（ゆでたもの）……100g
　大豆（ゆでたもの）……100g
　トマト缶（パックでも可）……200g
　水……1カップ
　トマトケチャップ……大さじ1
　中濃ソース……小さじ1
レタス（手でちぎる）……1/2玉
溶けるチーズ……20g

1 薬味野菜などを炒める
鍋にAを入れ、弱火で炒める。香りが出たら、玉ねぎ、セロリの茎を加え、中火で5分ほど炒め、塩、白こしょうで調味する。

> チリパウダーは炒めて香りを出します。焦げやすいので注意を

2 肉を炒める
1の野菜を鍋の端に寄せ、ひき肉を加え、色が変わるまで中火で3分ほど炒める。

3 煮る
Bを加えて強火にかけ、一度沸騰させ、蓋をして弱火で10分煮る。

4 仕上げ
レタスを加えて2分ほど煮て、チーズ、セロリの葉をのせる。

Marmite aux haricots chili

Marmite d'anguille et de «Kiritanpo»

パワフル食材満載の元気鍋

うなぎの蒲焼きときりたんぽの鍋

材料（2人分）

- うなぎの蒲焼き……2串
- 長いも……100g
- 白菜（短冊切り）……1/4個
- 長ねぎ（斜め切り）……2本
- きりたんぽ（食べやすく切る）……3本
- 早煮昆布……20g
- 水……2・1/4カップ
- A 添付のうなぎのたれ……2袋
  塩麹……小さじ1〜2
- 粉山椒……適量

1 昆布だしをとる
鍋に分量の水、昆布を入れ、30分以上ひたす。

2 具材の下ごしらえ
うなぎは表面についているたれを水で洗い流し、水けをよく拭く。アルミホイルにのせ、魚焼きグリルで表面を香ばしく焼く。長いもはガス火にかざしてひげ根をさっと焼き、皮つきのままポリ袋に入れてすりこ木などで叩く。

> うなぎの蒲焼きはたれを落として焼いておくと、鍋全体が香ばしい仕上がりに

3 味を調える
1の鍋を弱火に10分ほどかけ、昆布を取り出し、Aを加えて混ぜる。

4 煮る
白菜、長ねぎを加えて強火にかけ、一度沸騰させ、蓋をして中火で10分ほど煮る。野菜がしんなりしたら、うなぎ、きりたんぽを加え、蓋をして弱めの中火で5分ほど煮る。長いもをのせ、粉山椒をふる。

レストランで食べるような本格的なスープは、
時間をかけてじっくり煮込んだり、
濾すのに時間をかけたり……。
少し手間はかかりますが、お休みの日などに
自分や大切な人のために作ってみてください。

PART 3

手軽にフランスのレストランの味！
ごちそう＆おもてなしスープ

魚のうまみをギュギュッと凝縮
スープ・ド・ポワソン

南フランスの港町の定番料理。
観光客のほとんどが、この料理を目指して訪れます。
魚を香ばしく焼いてうまみと香りを出し、
そのうまみをギュウギュウと濾してスープにします。
魚はかさごやたい、たらなど。
僕は2シーズンほど南フランスで働いていたので、
その頃を思い出す懐かしいスープです。　作り方——p72

スープ・ド・ポワソン の作り方

材料（2人分）

魚のあら、切り身……計500g
にんにく（薄切り）……1かけ
玉ねぎ（薄切り）……50g
セロリ（薄切り）……30g
にんじん（薄い半月切り）……30g
トマト（ざく切り）……1個
オリーブ油……小さじ2
八角……1個
トマトペースト……大さじ1
白ワイン……1/2カップ
水……2・1/2カップ〜3・1/2カップ
サフラン……ひとつまみ
塩、白こしょう……各適量

1 魚を焼きつける

魚は皮目からよく焼いて生臭さを取ります。この焼き色がうまみに変わります

鍋にオリーブ油を熱し、魚のあら、切り身を入れ、水分をとばしながら強火で焼きつける。皮目に焼き色がついたら返し、にんにくを加えて焦がさないように5分ほど炒める。

2 野菜を炒める

焦がさないように炒め、香りを引き出します。よく炒めることで濃厚な味わいに

玉ねぎ、セロリ、にんじん、トマト、八角を加え、しんなりするまで5〜10分炒める。

3 煮る

強火で沸騰させるのはアクと臭みを取るため

トマトペーストを加えて炒め、白ワイン、分量の水をひたひたに加えて強火にかけ、一度沸騰させてアクを取り、蓋をせずに弱火で20分ほど煮る。

4 煮上がり

具材が顔を見せ、魚の身がくずれるほどやわらかくなったら煮上がり。

5 濾す

> 骨があるので、ミキサーは向きません。ざるで丁寧に濾しましょう

4をざるに入れ、お玉の背でギュウギュウと押し、魚の身をつぶすようにして濾す。

6 3回ほど濾す

> フランスにはスープ・ド・ポワソン専用の濾し器があります。ご家庭のざるでは3回ほど汁を身にかけて濾す、を繰り返してください

濾した汁を再び具材にかけ、さらにギュウギュウと押して濾す。うまみをできるだけ残さずに濾す。

7 再び煮る

> 蓋をせずに、さらに少し煮詰めてうまみを凝縮させます

鍋に6のスープを戻し入れ、蓋をせずに中火で5〜10分煮る。

8 仕上げ

> サフランで香りと色をつけます

サフランを加えて、塩、白こしょうで味を調える。

合わせるなら！

種類 白ワイン

名称 ピエトラドルチェ・エトナ・ビアンコ

地域 イタリア・シチリア島

造り手 ピエトラドルチェ

セレクトポイント シチリアの海風を浴びたぶどうで造られたこのワインは、しっかりとしたミネラル感、さわやかな酸味があり、魚介の風味と相性がよい。

Soupe de poisson

サクサクパイとスープのハーモニー
パイ包み焼きスープ

Soupe de champignons en croûte

フランス料理の帝王、ポール・ボキューズさんの代名詞といわれる
黒トリュフのスープ「スープ・オ・トリュフ」を、家庭で作れるようなレシピにしてお届け。
こんがり焼けたパイをくずすと、きのこの深い香りがふわ〜っと広がります。
パイ生地で蓋をして蒸し焼きにするからこそのおいしさです。　　　作り方——P76

パイ包み焼きスープ の作り方

材料（容量300mLの器2個分）

鶏もも肉（一口大に切る）……50g
マッシュルーム（半分に切る）……100g
お好みのきのこ
　（しめじ、エリンギなど・食べやすく切る）……100g
玉ねぎ（薄切り）……30g
にんにく（みじん切り）……1/2かけ
無塩バター……20g
塩、白こしょう……各適量
タイム……ひとつまみ
水……2カップ
卵黄……1〜2個分
冷凍パイシート……2枚

準備
冷凍パイシートは器より一回り大きいサイズにめん棒でのばし、冷蔵庫で冷やす。

1 玉ねぎ、にんにくを炒める

鍋にバターを溶かし、玉ねぎを入れ、塩ひとつまみを加えて中火で炒め、しんなりしたらにんにくを加え、中火で5分ほど炒める。

2 鶏肉を炒める

鶏肉は塩、白こしょう各少々をふり、1に加えて炒め、焼き色をつける。

> きのこだけでもいいのですが、鶏肉を加えてボリュームとうまみをプラス

3 きのこを炒める

マッシュルーム、お好みのきのこを加え、塩ひとつまみをふり、さらに5分ほど炒める。

> きのこは水分が出るくらいまでじっくり炒め、うまみと香りを引き出します

4 煮る

タイム、分量の水を加えて強火にかけ、一度沸騰させ、蓋をして弱火で15分煮る。

7 オーブンで焼く

表面に卵黄を塗ると、つやが出ておいしそうな焼き色がつきます。たっぷり塗ってください。

パイシートの表面にも卵黄をたっぷり塗り、200℃に予熱したオーブンで15〜20分焼く。

5 耐熱容器に入れる

耐熱容器に4を入れ、器の縁に卵黄を塗る。

6 パイシートをかぶせる

パイシートに卵黄を塗り、その面を下にして器にかぶせ、手でしっかり押さえる。

合わせるなら！

種類 白ワイン

名称 プイィ・フュイッセ

地域 フランス・ブルゴーニュ地方

造り手 ドメーヌ・パケ

セレクトポイント パイ包みのふくよかなバターの香りに、このワインが持つナッツやほのかな樽の香りがぴったり。

Soupe de champignons en croûte

口の中がえびの濃厚なうまみでいっぱいに！
えびのビスク 鶏レバー添え

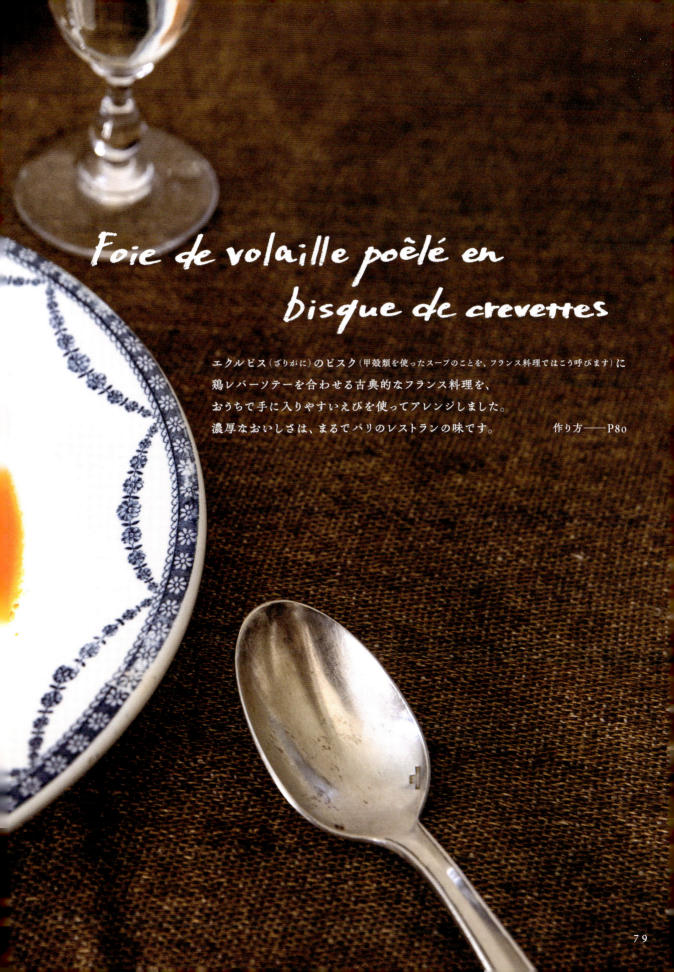

Foie de volaille poêlé en bisque de crevettes

エクルビス（ざりがに）のビスク（甲殻類を使ったスープのことを、フランス料理ではこう呼びます）に
鶏レバーソテーを合わせる古典的なフランス料理を、
おうちで手に入りやすいえびを使ってアレンジしました。
濃厚なおいしさは、まるでパリのレストランの味です。　　　　作り方——P80

えびのビスク 鶏レバー添え の作り方

材料（2人分）

- えび（有頭・アルゼンチン赤えび）……5尾
- 鶏レバー……100g
- A にんにく（薄切り）……1/2かけ
  - 玉ねぎ（薄切り）……40g
  - にんじん（薄い半月切り）……20g
  - セロリ（薄切り）……20g
- オリーブ油……大さじ1
- 塩、白こしょう……各適量
- トマトペースト……大さじ1
- 白ワイン……1/4カップ
- 水……2カップ
- ローリエ……1/2枚
- 小麦粉……適量
- 無塩バター……大さじ1
- イタリアンパセリ（あれば）……適量

準備
レバーは牛乳適量（分量外）につけて30分ほどおき、臭みを抜く。

1 えびを乾煎りする

頭と殻にうまみが詰まっているのでつぶしながらよく炒めます。ただし、決して焦がさないこと

えびは頭と殻を取り除き、ワタを取る。鍋に頭と殻を入れ、水分がとぶまで中火で乾煎りする。

2 香味野菜を炒める

1にオリーブ油、Aを加え、軽く塩をふり、中火で5分炒める。

3 トマトペースト、えびを炒める

トマトペーストは炒めると酸味がとび、いい味が出ます。白ワインは風味づけです

トマトペーストを加えて炒め、えびの身を入れて軽く炒める。白ワインを加えて煮て、アルコール分をとばす。

4 煮る

分量の水、ローリエを加えて強火にし、一度沸騰させてアクを取り、蓋をして弱火で20分煮る。

5 ミキサーでなめらかにする

> えびの頭の中にもエキスが詰まっているので、一緒にミキサーにかけます

4からえびの身を取り出す。4の残りは粗熱がとれたら頭と殻ごとミキサーに入れて撹拌し、なめらかにする。

6 濾す

5をざるに入れ、お玉やスプーンでつぶすように濾し、塩、白こしょうで味を調える。

7 レバーをソテーする

> レバーは火を通しすぎるとパサパサになるので、強火で表面を焼き固めたら、弱火でじっくり火を通してしっとり焼き上げます

レバーは水けをペーパータオルで拭き、塩、白こしょう各少々をふって小麦粉をまぶす。フライパンにバターを溶かし、レバーを入れ、強火で表面に焼き色をつけたら弱火にし、中まで火を通す。

8 えびをソテーする

レバーをフライパンの端に寄せ、5で取り出したえびの身を加え、表面をこんがりと焼く。6のスープを温めて器に盛り、レバー、えびの身のソテーをのせる。イタリアンパセリを飾る。

合わせるなら！

種類	日本酒
名称	國稀 佳撰
地域	北海道 増毛町
造り手	国稀酒造

セレクトポイント えびの塩味やレバーソテーのほのかな苦みには、すっきりとした芳香な味わいの日本酒が合います。

Foie de volaille poêlé en bisque de crevettes

きのこスープの決定版
マッシュルームのカプチーノ

Cappuccino de champignons

「厨房のダ・ヴィンチ」といわれる
アラン・シャペルさんが考案したレシピです。
牛乳をムース状にしてのせるのは僕のアイデア。
今でもお店でも出していて、とても好評なんですよ。
シャンピニオン（マッシュルーム）のおいしさと香りを
ダイレクトに感じられる料理です。
ご家庭でも作りやすいレシピにしてご紹介します。

作り方──P84

マッシュルームの
カプチーノ
の作り方

材料（2人分）

マッシュルーム（薄切り）……200g
玉ねぎ（薄切り）……50g
にんにく（薄切り）……1かけ
無塩バター……15g
塩、白こしょう……各適量
水……1・1/4カップ
牛乳……適量

1 玉ねぎ、にんにくを炒める

きのこの色に影響を与えないよう、焼き色をつけないように炒めましょう。にんにくは焦げやすいので、玉ねぎの後に。

鍋にバターを溶かし、玉ねぎを入れて中火で炒める。しんなりしたらにんにくを加え、さらに炒め、香りを出す。

2 マッシュルームを炒める

水分が出てくるまで、よく炒めるのがポイントです

マッシュルームを加え、塩ひとつまみをふり、さらに炒める。

3 煮る

分量の水を加え、強火にして一度沸騰させ、蓋をして弱火で10分煮る。

4 ミキサーでなめらかにし、温める

3の粗熱がとれたらミキサーに入れて攪拌し、なめらかにする。鍋に入れて温め、塩、白こしょうで味を調える。

5 牛乳を泡立てる

牛乳は冷たくても沸騰させても泡が安定しないので、60℃くらいに温めて泡立てます。牛乳の泡をのせると、味わいがよりクリーミーになります。

小鍋に牛乳を入れて中火で60℃くらいまで温め、泡立て器で泡立てる。器に4を盛り、牛乳の泡をのせる。

合わせるなら！

種類 白ワイン

名称 ドメーヌ・ドルーアン オレゴン ラ・メゾネット シャルドネ

地域 アメリカ・オレゴン州

造り手 ドメーヌ・ドルーアン オレゴン

セレクトポイント 濃厚なマッシュルームの風味にコクのあるこのワインがマッチ。ワインは冷やしすぎず、16℃くらいの温度でお楽しみください。

Cappuccino de champignons

魚介のスープといえば、これ
ブイヤベース

南フランスでは専門店があるほど人気があります。
作り方はスープ・ド・ポワソンと似ていますが、
スープ・ド・ポワソンが具材をつぶしてスープにするのに対し、
ブイヤベースは具材の形を残し、スープと一緒に楽しみます。
マルセイユのように、魚の身とスープを別々に器に盛って
提供する地域も。えびはだしが出るので
頭、殻をつけたまま使います。　　　作り方──P88

Bouillabaisse

ブイヤベースの作り方

材料（2人分）

- たら……2切れ
- えび（有頭・アルゼンチン赤えび）……2尾
- ムール貝（冷凍・またはあさり）……10個
- じゃがいも……大1個
- トマト（ざく切り）……150g
- セロリ（細切り）……20g
- にんじん（細切り）……20g
- 玉ねぎ（薄切り）……20g
- にんにく（みじん切り）……1/2かけ
- オリーブ油……大さじ1
- 塩、白こしょう……各適量
- 白ワイン……1/4カップ
- 水……2〜2・1/2カップ
- 八角……1個
- サフラン（あれば）……少々
- ディル（お好みで）……適量

準備
じゃがいもはかためにゆで、一口大に切る（この後20分煮るのでかためでOK）。

1 香味野菜を炒める

炒めて野菜の甘みや香りを引き出します。にんにくは焦げやすいので、あとから入れます。

フライパンにオリーブ油を熱し、セロリ、にんじん、玉ねぎを入れて中火で炒め、しんなりしたらにんにくを加え、軽く塩をふって5分ほど炒める。

2 トマトを炒める

トマトは水分がなくなるまで炒め、酸味をとばしてうまみを凝縮させます。

トマトを加えて炒め、水分をとばす。

3 たら、えびを炒める

だしが出るので、えびは頭、殻をつけたまま使います。また、焼き色がうまみになるので、焦げる直前まで焼きます。

たらは皮目を下にして加え、えびは殻つきのまま加えて炒める。たらの皮目に焼き色がついたら返し、身側も焼く。

4 ムール貝を加える

ムール貝を加え、白ワインを注ぎ、強火でアルコール分をとばす。

5 ゆでたじゃがいもを加える

> サフランは仕上げに加えて、香り高く

分量の水をひたひたに加え、八角、ゆでたじゃがいも、サフランを加え、軽く塩、白こしょうをふって強火にかける。

6 アクを取り、煮る

沸騰したらアクを取り、蓋をして弱めの中火で20分煮る。器に盛り、ディルを飾る。

合わせるなら！

種類 ロゼワイン

名称 バイ・オット・ロゼ

地域 フランス・プロヴァンス地方

造り手 ドメーヌ・オット★

セレクトポイント プロヴァンス地方を代表する料理のブイヤベースには、やはり地元プロヴァンスのロゼワインを。ロゼワインは甘口のイメージもありますが、辛口ならいろいろな料理に合わせられます。

Bouillabaisse 89

ルビー色が美しいデザートスープ
いちごのカルダモンスープ

Soupe de fraises à la cardamome

スープという名のデザートです。
いちごをカルダモンシロップに漬けてしばらくおき、
水分を引き出すとともに香りをつけます。甘酸っぱいいちごと、
さわやかで上品な香りのカルダモンのハーモニーをお楽しみください。
いちごのおいしい季節にぜひ。

作り方——P92

いちごのカルダモンスープ の作り方

材料（2人分）

いちご（完熟・飾り用を取り分け、残りは薄切り）
　……1パック（250g）

シロップ
　水……1/4カップ
　甜菜糖……30g
　カルダモン……4個

レモン汁……適量

アイスクリーム（お好みで）……適量

ミント（お好みで）……適量

カルダモンの種（お好みで・さやから出す）
　……カルダモン約2個分

1 シロップの準備をする

カルダモンはカットしたほうが香りが出やすくなります

鍋に甜菜糖、分量の水を入れ、カルダモンをキッチンばさみでカットして加える。

2 シロップを加熱する

1を強火にかけ、一度沸騰させてから火を止める。

3 シロップを濾す

2をざるで濾し、冷ます。氷水を入れたボウルにのせて冷やすとよい。

4 いちごをマリネする

いちごは飾り用に少し取り分け、残りはヘタを落として薄切りにし、3を加えてつける。

5 冷蔵庫で冷やす

数時間つけるとこんな感じです できたら、一晩おいてください

4にラップをかけて冷蔵庫に入れ、数時間〜一晩おいて水分を出す。

6 ミキサーでなめらかにする

5をミキサーに入れて撹拌し、なめらかにする。

7 仕上げ

仕上げにレモン汁を加え、さわやかな酸味をつけます

レモン汁を加えて味を調整する。器に盛り、飾り用のいちごをのせ、アイスクリーム、ミント、カルダモンの種をのせる。

合わせるなら！

種類 ベルギービール

名称 ヒューガルデン ロゼ

造り手 ヒューガルデン

セレクトポイント ヒューガルデンホワイトにラズベリーを加えたこのビールは、ベリーつながりでいちごのスープと相性バツグン。

Soupe de fraises à la cardamome

Dashi だし②
コンソメ

我々プロは仔牛の骨で作りますが、ここではできるだけ簡単に、でも味わいは本格的なコンソメの作り方をご紹介します。焦げないよう絶えず混ぜ続けながら、そして丁寧に濾してください。

Consommé

材料（でき上がり量350mL）

牛ひき肉──100g
卵白──1個分
トマトペースト──5g
香味野菜
　にんじん（みじん切り）
　　──大さじ1
　玉ねぎ（みじん切り）
　　──大さじ1
　セロリ（みじん切り）
　　──大さじ1
鶏むね肉のポシェの
　ゆで汁（P32・または水）
　　──2・1/2カップ
ローリエ──1/2枚
塩、白こしょう
　　──各適量

1 ボウルにひき肉、卵白、トマトペースト、香味野菜を入れ、よく練り混ぜる。

> 卵白はアクや脂を吸着させるために入れます

2 鍋に鶏むね肉のポシェのゆで汁を入れて中火にかけ、沸騰する直前に1、ローリエを加えて、木ベラでゆっくり混ぜる。

> 卵白は焦げやすいので、つきっきりで混ぜます。鍋底を木ベラでこするようにして混ぜるのがコツ

3 卵白が固まって浮いてきたら、弱火にして15分ほど煮る。

4 浮いてきたひき肉の下のスープが透明になったら、ざるに布や目の細かいペーパータオルをのせて濾し、塩、白こしょうで味を調える。

Mikuni's voice
残ったひき肉は、カレーやミートソースなどに使えます

PART 4
ミクニ流世界のスープ

世界の至る所に、その国ならではのスープがあります。
体の芯から温まる寒い国のスープ、
ピリッと辛みがきいた暑い国のスープ……。
スープの世界がさらに広がるラインナップです。

イタリアの野菜を食べるスープ

ミネストローネ

野菜の甘みとベーコンのうまみが合わさったイタリア生まれのスープです。
コツは、野菜をよ〜く炒めること。
野菜が汗をかいてきたら、水分が抜けてうまみが出た証拠です。
ここにベーコンと白ワインのうまみが加われば、十分おいしい。
ショートパスタを加えてボリュームを出しても。

材料（2人分）

- にんじん（5mm角に切る）……1/2本
- 玉ねぎ（1cm角に切る）……1/2個
- セロリ（5mm角に切る）……1本
- にんにく（みじん切り）……1個
- ベーコン（細切り）……30g
- ズッキーニ（5mm角に切る）……1/2本
- 赤パプリカ（5mm角に切る）……1個
- トマト（湯むきして種を取り、5mm角に切る）……1個
- オリーブ油……大さじ1
- 白ワイン……大さじ2
- 塩、白こしょう……各適量
- 水……2カップ
- パルメザンチーズ（お好みで）……適量

1　香味野菜を炒める[a]
鍋にオリーブ油を熱し、にんじん、玉ねぎ、セロリ、にんにくを順に入れ、中火で8分ほど炒める。
> 香味野菜に汗をかかせます。これをスエといいます。その水分にはうまみがあり、さらに炒めると味が凝縮します

2　ベーコン、野菜を加えて炒める[b]
ベーコン、ズッキーニ、パプリカ、トマト、白ワインを加え、塩小さじ1/4をふってさらに5分ほど炒める。
> 白ワインはジュッと煮きってアルコール分をとばし、うまみを凝縮させます

3　煮る
分量の水を加えて強火にし、一度沸騰させ、蓋をして弱火で20分煮る。
> スープから具材が少しのぞくくらいの水分量が目安です

4　味を調える
塩、白こしょうをふり、味を調える。
器に盛り、パルメザンチーズをふる。

合わせるなら！

イタリアを代表する赤ワインのひとつ、トスカーナ地方のキャンティを。重すぎず軽すぎない飲み心地が、具だくさんスープによく合います

Minestrone

Gaspacho

PART 4　ミクニ流世界のスープ

スペインが誇る夏の定番

ガスパチョ

トマトジュースで作るガスパチョです。
にんにく入りのパンチがある味わいは暑い夏にぴったり。
僕はきゅうりやパプリカの青い爽快な味が好きなので、あえてざらざら感を残して攪拌しますが、
とろりとした口当たりが好きな人はなめらかになるまでよく攪拌するといいでしょう。

材料（2人分）
- トマトジュース（塩分不使用）……3/4カップ
- A きゅうり（粗いみじん切り）……1本
  - 赤玉ねぎ（粗いみじん切り）……1/4個
  - 赤パプリカ（粗いみじん切り）……1/2個
  - にんにく（薄切り）……1〜2枚
- オリーブ油……大さじ1
- りんご酢……小さじ2
- 塩……小さじ1/4
- 白こしょう……適量
- バゲット……適量
- ミニトマト、好みの野菜の角切り（大きめ）、オリーブ油（各お好みで）……各適量

1 ミキサーで攪拌する[a]
ミキサーにトマトジュース、Aを入れて攪拌し、なめらかにする。

材料を入れてミキサーにかけるだけ。
お好みの野菜を入れてアレンジしてもいいでしょう

2 味を調える[b]
ボウルに移して氷水を入れたボウルにのせ、混ぜながらオリーブ油、りんご酢を加え、塩、白こしょうで味を調え、冷蔵庫で冷やす。

りんご酢のさわやかな酸味が加わり、夏にぴったりです

3 クルトンを作る
バゲットは3cm角に切り、オーブントースターでカリッと焼く。

4 仕上げ
器に2を盛り、3のクルトン、ミニトマト、野菜の角切りをのせ、オリーブ油をかける。

合わせるなら！
野菜をたっぷり使った冷製スープには、よ〜く冷やした辛口のロゼスパークリングワインを。コクのあるタイプより、すっきりタイプがおすすめ

サーモンのうまみを味わう北欧料理

ロヒケイット

フィンランド語で「ロヒ」はサーモン、「ケイット」はスープのこと。
北欧では一番ポピュラーな魚であるサーモンを、相性のよい牛乳と合わせて作ります。
そこに、「魚のハーブ」といわれるほど相性バツグンのディルをたっぷり加えるのがポイント。
さわやかな香りが特徴で、僕も大好きなハーブです。

材料(2人分)

- サーモン(または生ざけ)(3等分に切る)……2切れ
- じゃがいも(1cm厚さの輪切り)……1個
- にんじん(5mm厚さの輪切り)……1/2本
- 玉ねぎ(1cm角に切る)……1/2個
- セロリ(1cm角に切る)……1/2本
- 塩、白こしょう……各適量
- 無塩バター……30g
- 水……2カップ
- 牛乳……1カップ
- ディル(ちぎる)……1パック

1 サーモンの下ごしらえ
サーモンは塩、白こしょうで下味をつける。

2 香味野菜を炒める[a]
鍋にバターを溶かし、にんじん、玉ねぎ、セロリを入れ、中火で5分ほど炒める。

> 玉ねぎは透き通るまでじっくりと炒めましょう。
> 玉ねぎから出てきた水分、これがうまみです

3 煮る
じゃがいも、分量の水を加え、強火にかけて一度沸騰させ、蓋をして弱火で20分煮る。

4 サーモンを加えて煮る[b]
じゃがいもが少し煮くずれるくらいになったらサーモンを加え、再び蓋をして弱火で5分ほど煮る。

> サーモンは火を通しすぎるとかたくなるので、仕上げに加え、5分ほど煮て火が通ればOK

5 牛乳を加える
牛乳を加え、沸騰直前まで温める。
塩、白こしょうで味を調えて器に盛り、ディルをのせる。

> 牛乳を加えたら、分離しないように沸騰直前で火を止めましょう

合わせるなら!
ロワール地方のソーヴィニヨン・ブランから造られるすっきりとした辛口の白ワインを合わせて。ハーブのような清涼感があり、スープにたっぷり加えたディルとの相性もバツグン

PART 4　ミクニ流世界のスープ

Soupe de saumon à la finlandaise

Borscht

102　PART 4　ミクニ流世界のスープ

鮮やかな色みに牛肉のコク
ボルシチ

東欧や西アジアの料理と聞いて、真っ先に思い浮かべるボルシチ。
飲む血液といわれるほど鉄分が豊富なビーツを、牛肉と合わせたスープです。
ボルシチ作りの特徴は表面に浮いてきた脂を取らないこと。脂は体を温めてくれるので、
寒い東欧ではアクを少し取るだけで、脂はそのまま煮込んでいただくのです。

材料（2人分）

- 牛肉（シチュー用）……250g
- ビーツ（皮を厚めにむき、5mm角の拍子木切り）……1個（130g）
- にんじん（5mm幅の細切り）……1/4本
- キャベツ（細切り）……1/6個
- 玉ねぎ（みじん切り）……1個
- にんにく（みじん切り）……1かけ
- トマト缶（パックでも可）……150g
- 粒黒こしょう……5粒
- ローリエ……1枚
- 水……4〜5カップ
- オリーブ油……大さじ1
- 塩……小さじ1/2
- 甜菜糖……小さじ1
- 赤ワインビネガー……大さじ1
- サワークリーム（お好みで）……適量
- 粗びき黒こしょう（お好みで）……適量
- ディル（お好みで）……適量

1 牛肉をゆでる
鍋に牛肉、粒黒こしょう、ローリエ、分量の水のうち4カップを入れ、強火にかけて一度沸騰させ、蓋をせずに弱火で40分〜1時間ゆでる（途中、水分が少なくなったら残りの水1カップを足す）。ゆで汁はとっておく。

> シチュー用の牛肉はやわらかくなるまで時間がかかるので、まずは肉だけをゆでます

2 香味野菜を炒める
別の鍋にオリーブ油を熱し、玉ねぎ、にんにくを透明感が出てくるまで弱火で5分ほど炒める。

3 牛肉のゆで汁で野菜、牛肉を煮る
2ににんじん、キャベツ、トマト缶、塩、1のゆで汁をひたひたに加え、牛肉も加えて強火にかける。一度沸騰させ、蓋をして弱火で30分ほど煮る。

> 牛肉のうまみが出たゆで汁で野菜を煮るのが最大のポイントです

4 ビーツを加えて煮る[a]
ビーツ、甜菜糖、赤ワインビネガーを加え、蓋をして弱火で15分ほど煮る。

> ビーツはかたくて煮るのに時間がかかるので、拍子木切りにします

5 仕上げ
器に4を盛り、サワークリームをのせて粗びき黒こしょうをふってディルをのせる。

> サワークリームはお好みですが、溶かしながら食べるとおいしいですよ

a

合わせるなら！
白ぶどうを原料に赤ワインと同じような醸造法で造られるオレンジワインを。赤ワインのような渋みと苦みをあわせ持ち、牛肉のコクにも負けない味わい

ハンガリーを代表するおふくろの味

グヤーシュ

グヤージュはハンガリーの国民食といわれる料理。ハンガリーはパプリカの一大生産地で、パプリカパウダーがよく料理に使われます。また、すね肉を使うのもポイント。ゼラチン質ならではのコリコリ感がおいしく、じっくりコトコト煮るグヤーシュにぴったりです。

材料（2人分）

- 牛すね肉、牛バラ肉（ともに2cm角に切る）……計250g
- にんじん（乱切り）……1本
- じゃがいも（乱切り）……1個
- 玉ねぎ（粗いみじん切り）……1個
- セロリ（粗いみじん切り）……1本
- にんにく（つぶす）……1かけ
- 塩、黒こしょう、白こしょう……各適量
- オリーブ油……大さじ2
- パプリカパウダー……大さじ3
- トマトペースト……大さじ1
- 水……3・1/2カップ

1 肉に下味をつける
牛肉は塩、黒こしょう各少々をふる。

2 牛肉、香味野菜を炒める[a]
鍋にオリーブ油を熱し、1の牛肉、玉ねぎ、セロリ、にんにくを順に加えて牛肉に焼き色がつき、野菜が少し色づくまで中火で10分ほど炒める。

> 肉に脂身がある場合は、その面から焼いてうまみを引き出します

3 野菜、パプリカパウダーを炒める[b]
にんじん、じゃがいも、パプリカパウダーを加え、弱火で2分ほど炒める。

> パプリカパウダーを加えたらよく炒め、香りを立たせます。ただし、焦げやすいので注意します

4 煮る
トマトペースト、分量の水、塩小さじ1を加え、強火にかけて一度沸騰させ、蓋をせずに弱火で1時間煮て、塩、白こしょうで味を調える。

> 蓋をせずに煮て、味を凝縮させます。途中、水分がなくなったら水を足してください

合わせるなら！
じっくり煮込んだグヤーシュと楽しみたいのは、ハンガリー・エゲル地方のケークフランコシュという黒ぶどうを原料に造られた赤ワイン。タンニンが豊富で重厚な味わい

a　b

104　PART 4　ミクニ流世界のスープ

Gulyásleves

Soupe aux palourdes

貝のうまみがたまらなくおいしい

クラムチャウダー

アメリカ・ニューイングランド生まれのスープです。
あさりでもいいのですが、今回は上品なだしが出るはまぐりを使用。
白いスープなので、野菜は焼き色をつけないようにし、粉を入れたら焦がさないようにしましょう。
はまぐりのだしに野菜の甘み、クリーミーな牛乳が加わった、万人向けする料理です。

材料（2人分）

- はまぐり（砂出し済み）……300g
- A
  - 玉ねぎ（みじん切り）……1/2個
  - セロリ（みじん切り）……1/2本
  - じゃがいも（さいの目切り）……2個
  - にんじん（さいの目切り）……1/2本
  - にんにく（みじん切り）……1かけ
  - マッシュルーム（4等分に切る）……4個
  - ベーコン（5mm幅に切る）……30g
  - ローリエ……1枚
- 水……1カップ
- 白ワイン……1/4カップ
- オリーブ油……大さじ1
- 小麦粉……大さじ1・1/2
- 牛乳……1/2カップ
- 塩、白こしょう……各適量

1　はまぐりをワイン蒸しにする [a]
鍋にはまぐり、分量の水、白ワインを入れ、蓋をして強火にかけ、殻が開いたら取り出す。
飾り用に殻つきのまま少し取り分け、残りは殻から身を外す。ゆで汁はとっておく。

> はまぐりは煮込みすぎると身がかたくなるので、殻が開いたら身を取り出します

2　野菜、ベーコンを炒める
別の鍋にオリーブ油を熱し、Aを入れ、野菜に透明感が出てきてしんなりするまで中火で5分ほど炒める。

3　粉をふり、炒める [b] [c]
小麦粉をふり、粉っぽさがなくなるまで炒める。

> この粉がとろみの素です。粉っぽさが残らないように、しっかり炒めます

4　はまぐりのゆで汁で煮る
1のはまぐりのゆで汁を加えて蓋をし、ときどき混ぜながら、じゃがいも、にんじんがやわらかくなり、とろみがつくまで弱火で20分ほど煮る。

> はまぐりをワイン蒸しにしたときのおいしいだしが出たゆで汁で、スープを作ります

5　牛乳を加え、味を調える
牛乳、1のはまぐりの身を加え、沸騰直前まで温める。
塩、白こしょうで味を調え、器に盛り、飾り用の殻つきのはまぐりをのせる。

合わせるなら！　ブルゴーニュ地方のシャブリと生がきは定番の組み合わせですが、はまぐりともぴったり。
シャブリのコクとミネラル感がはまぐりのうまみを引き立てます

ピリリと辛みをきかせて

ガンボスープ

アメリカ南部・ルイジアナ州のスープです。「ガンボ」とはオクラのこと。
フランスのブイヤベースがルーツともいわれます。
現地ではざりがにや肉の燻製などを入れますが、おうちで作りやすいよう、
鶏手羽元とえびで再現しました。仕上げにタバスコでさらに辛みをきかせるのが、僕の好み。

材料（4人分）

鶏手羽元……4本
えび（有頭）……4尾
玉ねぎ（みじん切り）……小1個
セロリ（みじん切り）……1/2本
にんにく（みじん切り）……1かけ
オクラ（1cm厚さの小口切り）……10本
赤パプリカ（一口大のざく切り）……1個
トマト缶（パックでも可）……200g
塩……適量
白こしょう……少々
無塩バター……50g
小麦粉……大さじ1
水……4カップ
パプリカパウダー……小さじ2
チリパウダー……小さじ1
黒こしょう……小さじ1/4
タバスコ（またはレモン汁）（お好みで）……適量

準備＝えびは頭を取って殻をむき、頭と殻をだしパックに入れる。[a]

1 手羽元の下ごしらえ[b]
手羽元は骨に沿って2〜3か所切り込みを入れ、塩、白こしょう各少々で下味をつける。
（切り込みを入れておくと食べやすく、だしも出やすくなります）

2 手羽元を焼き、香味野菜を炒める[c]
鍋にバターを溶かし、1の手羽元、玉ねぎ、セロリ、にんにくを入れ、透明感が出るまで中火で炒める。
（手羽元は焼き色がつくまで焼くと、臭みが取れます）

3 小麦粉をふり、炒める
小麦粉をふり、粉っぽさがなくなるまでよく炒める。

4 残りの材料を加え、煮る
トマト缶、オクラ、赤パプリカ、えびの頭と殻を入れただしパック、分量の水を加え、強火にかけて一度沸騰させ、蓋をせずに弱火で1時間煮る。
（えびの頭、殻はだしが出るので、煮るときに入れます。身は長時間煮るとかたくなるので最後に入れます）

5 調味し、えびの身を煮る
パプリカパウダー、チリパウダー、塩小さじ1、黒こしょうで味を調え、えびの身を加えて中火にし、えびに火が通ったらでき上がり。器に盛り、タバスコをふる。

a

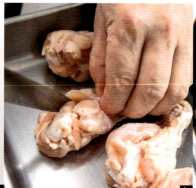
b

c

合わせるなら！
世界中で造られているロゼワインは辛口から甘口までありますが、スパイシーな料理には、よく冷えた辛口ロゼワインがおすすめ

Soupe gumbo

Soupe à la queue de bœuf

シンプルだけれど濃厚

テールスープ

韓国にはおいしいスープがたくさんあります。
中でもテールスープは滋養豊かなごちそうスープ。韓国ではコリコムタンといいます。
下ごしらえさえしてしまえば、あとはコトコト煮るだけ、と作り方も簡単。
時間があるときに、ぜひチャレンジしてください。

材料（4人分）

- 牛テール……1kg
- 長ねぎ（緑の部分）……2本分
- 玉ねぎ（半分に切る）……1/2個
- にんにく（厚めの薄切り）……2かけ
- しょうが（厚めの薄切り）……1かけ
- 水……適量
- 塩……小さじ1/2〜
- 白こしょう……適量
- 糸唐辛子（お好みで）……適量
- 粗塩（お好みで）……適量

準備＝牛テールはボウルに入れ、たっぷりの水につけて冷蔵庫で一晩おき、血抜きをする。[a]

1 テールを下ゆでする
鍋に牛テール、水をひたひたに入れ、強火にかけて一度沸騰させ、蓋をせずに中火で3分ほどゆでる。

2 テールを洗い、汚れを取る [b]
1をざるに上げ、流水で洗って余分な脂身を取り除く。

> 牛テールは血抜きして下ゆでし、臭みや余分な脂を取り除き、水洗いして汚れを落とします

3 煮る
鍋に2の牛テール、長ねぎ、玉ねぎ、にんにく、しょうがを入れ、水をひたひたに加えて強火にかけ、一度沸騰させる。牛テールが少し踊るくらいの火加減で、常にかぶるくらいの水分を保ちながら蓋をせずに3時間ほど煮る。途中、ときどき水を足し、アクや脂が出てきたら取り除く。

> じっくりゆっくり火を入れて肉がほろほろになるまで煮ます

4 味を調える
塩、白こしょうで味を調える。
器に盛り、糸唐辛子をのせ、粗塩を添える。

合わせるなら！
朝鮮半島で古くから造られている蒸留酒・ソジュ（韓国焼酎）をよく冷やしてストレートでどうぞ！ 韓国料理にぴったりです

a　　　　　　　　　　　　　　b

酸っぱくて辛くてクセになる
酸辣湯
（サンラータン）

日本でも人気の中国のスープです。
骨つき肉の中でも手軽な手羽先をゆで、だしを取るとともに、身をほぐして具材にすれば一石二鳥。
コリコリ食感のたけのこ、つるんとした豆腐、ふんわり卵と食感も楽しく、ほどよいとろみも決め手。
麺やご飯を加えるアレンジもなかなかです。

材料（2人分）

鶏手羽先……150g
絹ごし豆腐（細切り）……90g
ゆでたけのこ（細切り）……25g
干ししいたけ……1枚
クコの実……5個
卵……1個
A　しょうが（薄切り）……2枚
　　水……3・1/2カップ
　　塩……小さじ1/2
B　しょうゆ、紹興酒
　　（または酒）、米酢
　　……各小さじ1
　　白こしょう……小さじ1/4
　　片栗粉……小さじ2
米酢……大さじ1
ラー油……適量

準備＝干ししいたけは水でもどし、水けを絞って細切りにする。

1　手羽先をゆでる[a]
鍋に手羽先、Aを入れて強火にかけ、沸騰したらアクを取り、蓋をせずに中火で20分ほどゆでる。
（手羽先の臭みを取るために、しょうがを入れます）

2　手羽先をほぐす
1から手羽先を取り出し、粗熱がとれたらほぐす。ゆで汁はとっておく。

3　煮る
鍋に2のゆで汁3カップ（足りない場合は水を足す）、2でほぐした手羽先、豆腐、たけのこ、干ししいたけ、クコの実を入れ、強火にかけて一度沸騰させ、蓋をせずに弱火で10分ほど煮る。

4　味を調え、卵を加える
Bを加えて強火にし、とろみがついたら米酢を加え、再び沸騰したら溶きほぐした卵を回し入れ、火を止める。器に盛り、ラー油をかける。
（とろみがついたところに溶き卵を加えると、ふんわりと仕上がります）

合わせるなら！
もち米を主原料に造られた褐色で香ばしい香りの醸造酒・紹興酒を。酸味のきいた酸辣湯とコクのある紹興酒のマリアージュをお楽しみください

Soupe aigre-piquante

Tom Kha gai

酸・甘・辛のハーモニー
トムカーガイ

タイではトムヤムクンと並ぶ人気料理。
タイ語でトムは「煮る」、カーは「しょうが」、ガイは「鶏肉」という意味。
ココナッツミルクの甘くまろやかな味に、しょうがや鶏のだし、辛みと酸味がきいたクセになる味わいです。

材料（4人分）

- 鶏むね肉（一口大のそぎ切り）……200g
- A なす（7mm厚さの半月切り）……1本
  - ヤングコーン（半分に切る）……3本
  - レモングラス（半分に切る）……4本
  - 青唐辛子（半分に切る）……2本
  - しょうが（薄切り）……1かけ
  - 香菜の根……3本分
- ココナッツミルク……400g
- 水……1/2カップ
- ナンプラー……大さじ2
- 甜菜糖……小さじ2
- ライム果汁……大さじ2
- 香菜、ライム（ともにお好みで）……適量

1 具材をココナッツミルクで煮る
鍋に鶏肉、A、ココナッツミルクを入れ、沸騰しないくらいの中火にかけ、蓋をせずに混ぜながら10分ほど煮る。
（沸騰するとココナッツミルクが分離するので、火加減に注意してください）

2 水、調味料を加えて煮る
分量の水、ナンプラー、甜菜糖を加え、蓋をしないでさらに5分煮る。引き続き、沸騰しないようにする。

3 仕上げ
ライム果汁を加え、器に盛り、香菜、ライムをのせる。

合わせるなら！　個々の食材の持つ多様な味わいのトムカーガイは、辛口のスパークリングワインの気泡と調和します。しっかりとコクのあるタイプなら、さらにグッド

空心菜のベトナム風の味わい方
豚肉と空芯菜のスープ

ベトナムでは空心菜はとてもポピュラーな野菜で、週に何度も食べるとか。
炒めるだけでなく、サラダやスープにもよく使われます。
これは、ベトナムの一般家庭で食べられているスープをイメージ。豆苗で作ってもおいしいですよ。

材料（2人分）

- 豚もも肉（細切り）……50g
- 干しきくらげ……2個
- 空芯菜（5〜6cm長さに切り、茎は縦半分に切る）……1束
- にんにく（みじん切り）……1かけ
- A 塩……ひとつまみ
   ごま油……小さじ1
- ごま油……大さじ1/2
- 水……2・1/2カップ＊
- B ニョクマム（またはナンプラー）……大さじ2
   レモン汁……大さじ1
   甜菜糖……小さじ2
   黒こしょう……小さじ1/2
   赤唐辛子（小口切り）……1本

＊「鶏むね肉のポシェのゆで汁」（P32）を使うと、よりおいしい！

準備…干しきくらげは水でもどし、細切りにする

1 豚肉の下ごしらえ
豚肉はAを手でよくもみ込み、下味をつける。

> 手でもみ込むとよく味が染み込みます。
> 下味をつけるのは肉自体をおいしく食べるため

2 炒める
鍋にごま油を熱し、にんにくを弱火で炒め、香りが出たら豚肉、きくらげを加え、ほぐしながら強火で炒める。

3 煮る
分量の水を加え、強火にかけて一度沸騰させ、アクを取る。Bを加え、蓋をせずに弱火で3分煮る。

4 仕上げ
空芯菜を加え、しんなりするまで煮る。

合わせるなら！
やさしい味わいのこのスープには、焼酎をジャスミンティーで割ったジャスミンハイを

Soupe de porc et de légumes verts

豆と野菜のカレーのようなスープ

サンバル

南インドでは日本のみそ汁のように毎日食べられている、辛くて酸っぱいスープです。
スパイスを炒めて香りを引き出し、仕上げにレモン汁を加えて酸味をきかせます。
豆を少しくずれるくらいまで煮て軽いとろみをつけるのがポイント。
ご飯やナンと一緒にどうぞ。

材料（4人分）

- ひよこ豆（水煮やドライパック）……100g
- なす（7mm厚さの半月切り）……1本（80g）
- トマト（ざく切り）……1個
- 青唐辛子（ざく切り）……1本
- A 無塩バター……20g
  - クミンシード……小さじ1/2
  - にんにく（粗いみじん切り）……1かけ
  - しょうが（粗いみじん切り）……大1かけ
  - 玉ねぎ（粗いみじん切り）……1/2個
- B カレー粉……小さじ1
  - ターメリックパウダー……小さじ1
  - ガラムマサラ……小さじ1
  - 塩……小さじ1/2
- 水……1・1/2カップ
- レモン汁……大さじ1
- 香菜（ざく切り）……1束

1 薬味野菜、ホールスパイスを炒める[a]
鍋にAを入れ、弱めの中火で5分ほどじっくりと炒める。

> まずは香味野菜とホールスパイスを炒めます。
> 香りを引き出すように、じっくり時間をかけて炒めましょう。

2 パウダースパイスを炒める[b]
Bを加え、全体にターメリックの黄色が移るまで中火で炒める。

> 鍋底についた焦げがうまみ。黒く焦がさないように注意してください。

3 煮る
分量の水、ひよこ豆、なす、トマト、青唐辛子を加え、強火にかけて一度沸騰させ、蓋をして弱火で15分煮る。

4 仕上げ
ひよこ豆が少し煮くずれたら、レモン汁、香菜を加えて火を止める。

合わせるなら！
カレーのようにスパイシーなサンバルには、トマトジュースとビールを合わせたシンプルなカクテル「レッドアイ」が相性よし。レモンやタバスコを加えて楽しんでください。

PART 4　ミクニ流世界のスープ

Sambal

Dashi だし③
ブイヨンドレギューム

僕の修業先の料理人、フレディ・ジラルデさんが1970年代に発表した野菜のだしです。日本では僕が初めて紹介しました。グルタミン酸が豊富なトマトをはじめ、野菜のうまみが詰まっています。

Bouillon de légumes

材料（でき上がり量 約1L）

- トマト（ヘタを取る）……5個
- 玉ねぎ（厚めの薄切り）……1個
- にんじん（厚めの薄切り）……1/2個
- セロリ（厚めの薄切り）……1/2本
- にんにく……1かけ
- パセリ……1枝
- ローリエ……1枚
- 粒白こしょう……小さじ1
- 白ワイン……3/4カップ
- 水……2L

1 鍋にすべての材料を入れ、中火にかける。

2 沸騰したら弱火にし、蓋をせずに45分煮る。

あまり触らずに煮続け、野菜のうまみを引き出します

3 ざるに布や目の細かいペーパータオルをのせ、濾す。

― Mikuni's voice ―
残った野菜は、粗熱がとれたらミキサーで攪拌してなめらかにし、ポタージュやカレー、パスタのソースに使いましょう。味がほとんど抜けているので濃い味つけをする料理に向いています

Dashi だし④
うまみだし

Umami dashi

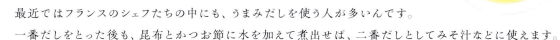

最近ではフランスのシェフたちの中にも、うまみだしを使う人が多いんです。
一番だしをとった後も、昆布とかつお節に水を加えて煮出せば、二番だしとしてみそ汁などに使えます。

材料（作りやすい分量）

昆布……20g
かつお節……30g
水……1L

― Mikuni's voice ―
二番だしまでとった後の昆布は
小さく切り、甘辛く煮て佃煮に

1 鍋に分量の水、昆布を入れ、弱火にかける。

昆布についている白いものはうまみ。拭き取らなくてOK

2 沸騰直前にかつお節を加え、すぐに火を止める。

3 かつお節が沈んだら、ざるに布や目の細かいペーパータオルをのせて濾す。

かつお節が沈むまで触らず、ほうっておきましょう

Dashi だし⑤
昆布水

Eau de Kombu

昆布にはグルタミン酸が豊富に含まれているため、水につけておくだけでも
十分おいしいだしが取れます。和風スープだけでなく、
豆乳や隠し味にみそを入れる洋風スープにも使うと、味に深みが出ます。

材料

水……1/2カップ
昆布……約1cm
＊上記の割合で作る

ペットボトルに入れて作ると冷蔵庫に入れやすく便利です

1 水に昆布をひたし、冷蔵庫に一晩〜1日おく。昆布が水を吸うので、使いたい分量より多めに作るとよい。

― Mikuni's voice ―
使用する昆布の種類によって風味が変わるので、お好きな昆布でどうぞ

Column 2 毎日のみそ汁カタログ

日本人にとって一番身近なスープといえばみそ汁。たっぷり16レシピをご紹介します。

Soupe miso au porc et gobô

豚汁のシンプル版
豚肉とごぼうのみそ汁

おすすめのみそ 合わせみそ

材料（2人分）
- 豚しゃぶしゃぶ用肉……4枚
- ごぼう（短冊切り）……40g
- にんじん（短冊切り）……30g
- 水……1・1/2 カップ
- 煮干し粉……小さじ 1/2
- みそ……大さじ 1・1/2
- 七味唐辛子（お好みで）……適量

1 だしでごぼうを煮る
鍋に分量の水、煮干し粉、ごぼうを入れ、強火にかけて一度沸騰させ、蓋をして弱火で2～3分煮る。ごぼうの火入れ加減は好みで調整する。

2 残りの具材を加える
にんじんを加えて3分ほど煮て、豚肉を加えて沸騰直前まで温め、火を止める。

3 みそで味を調える
みそを溶き入れる。器に盛り、七味唐辛子をふる。

（みそは風味がとばないよう、火を止めてから溶かします）

ねぎの香ばしさと甘みを楽しむ
焼きねぎと蒸しねぎのみそ汁

おすすめのみそ　八丁赤みそ

材料（2人分）と作り方

1　アルミホイルに長ねぎの白い部分（3cm長さに切る）1本分をのせて米油小さじ1/2をからめ、オーブントースターまたは魚焼きグリルで5〜8分焼く。

2　鍋に長ねぎの緑部分（斜め薄切り）1本分、酒大さじ1、うまみだし（P119）60mLを入れ、強火で一度沸騰させ、蓋をして弱火で10分蒸し煮にする。焦がさないよう注意。

3　うまみだし（P119）1・1/2カップ、油揚げ（短冊切り）1/2枚を加えて中火にかけ、沸騰直前で火を止め、みそ大さじ1を溶き入れる。1の長ねぎを加えて温め、器に盛り、お好みで粉山椒（または実山椒）適量をふる。

Soupe miso aux oignons verts grillés et cuits à la vapeur

Soupe miso aux légumes racines

ごろごろ野菜で食べ応えあり
根菜のみそ汁

おすすめのみそ　麦みそ

材料（2人分）と作り方

1　鍋に煮干し粉小さじ1/2を入れ、香りが立つまで弱火で1分ほど乾煎りする。

2　1に水1・1/2カップ、大根（いちょう切り）50g、にんじん（いちょう切り）20g、さつまいも（皮つきのまま輪切りor半月切り）50g、長ねぎ（2cm厚さの小口切り）50g、れんこん（皮つきのまま輪切りor半月切り）50gを加え、強火で一度沸騰させ、蓋をして弱めの中火で10分ほど煮る。

3　野菜がやわらかくなったら火を止め、みそ大さじ1を溶き入れる。

ひらひら野菜で、食感も楽しい
大根とにんじんのゆずみそ汁

おすすめのみそ　八丁赤みそ

材料（2人分）と作り方

1　鍋にうまみだし（P119）1・1/2カップ、みりん小さじ1、大根（ピーラーで薄くそぐ）50g、にんじん（ピーラーで薄くそぐ）20gを入れ、強火にかけて一度沸騰させ、蓋をして中火で5分煮る。

2　火を止め、みそ大さじ2を溶き入れる。器に盛り、ゆずの皮（みじん切り）適量をのせる。

＊赤みその場合…赤みそをだし少々で溶いてから加える。または電子レンジ（600W）で10秒ほど赤みそを温める。

Soupe miso aux radis et carottes

北海道の味覚を詰め込んで

さけととうもろこしのみそ汁

おすすめのみそ　白みそ

材料（2人分）と作り方

1. 生ざけ2切れはペーパータオルで水けを拭き、ガーリックパウダー少々、小麦粉小さじ1を順にまぶす。
2. 鍋に無塩バター5gを溶かし、1を中火で焼き、両面に薄い焼き色をつける。
3. 水1カップ、粒コーン缶200gを缶汁ごと、じゃがいも（細切り）1個を加え、強火で一度沸騰させ、蓋をして弱火で5〜8分煮て火を止める。
4. みそ大さじ1・1/2を溶き入れ、器に盛り、細ねぎ（小口切り）適量、無塩バター2gをのせる。

Soupe miso au saumon et au maïs

Soupe miso aux champignons et bacon

チーズとベーコンの洋風味

きのことベーコンのみそ汁

おすすめのみそ　麹赤みそ

材料（2人分）と作り方

1. 鍋にベーコン（1cm幅に切る）30gを入れて中火で炒め、脂が出てきたら玉ねぎ（薄切り）1/4個を加えて炒める。
2. うまみだし（P119）280mL、きのこ（なめこ、まいたけ、しいたけ、乾燥きくらげなど）計100〜150gを加え、強火にかけて一度沸騰させ、蓋をせずに中火で10分ほど煮る。
3. 火を止め、みそ大さじ1・1/2を溶き入れる。器に盛り、溶けるチーズ適量をのせる。

ごまの風味が香ばしい

豆腐と豆乳のごまみそ汁

おすすめのみそ　白みそ・合わせみそ

材料（2人分）と作り方

1. 鍋にすり白ごま大さじ1を入れ、弱火で乾煎りする。
2. うまみだし（P119）3/4カップ、豆乳3/4カップ、ブロッコリー4房、キャベツ（一口大にちぎる）20g、木綿豆腐（一口大にちぎる）1/2丁（130g）を加えて中火にかけ、沸騰させない状態を保ちながら、ブロッコリーがやわらかくなるまで2分ほど煮る。
3. 火を止め、みそ大さじ1を溶き入れる。器に盛り、すり白ごま小さじ1をふる。

Soupe miso au sésame, lait de soja et tofu

ふんわり卵とにらの香りがグー
にら玉みそ汁
おすすめのみそ 白みそ・麦みそ

材料(2人分)と作り方

1 ボウルににら(細かく刻む)10g、ごま油小さじ1/2を入れて混ぜ、卵1個を溶きほぐして加え、さらによく混ぜる。

2 鍋にうまみだし(P119)1・1/2カップを入れて中火にかけ、沸騰直前に水溶き片栗粉(片栗粉小さじ1/2、水小さじ1を混ぜる)を回し入れ、とろみをつける。軽く煮立っているところに1を回し入れ、火を止める。

3 みそ大さじ2を溶き入れる。

Soupe miso à la ciboulette chinoise et aux œufs

Soupe miso aux palourdes et tomates

レタスのシャキシャキ感が楽しい
あさりとトマトのサラダみそ汁
おすすめのみそ 白みそ

材料(2人分)と作り方

1 鍋に水1カップ、酒大さじ1、あさり(砂出し済み)200g、トマト(角切り)75〜100g、わかめ(乾燥・水でもどす)2gを入れ、蓋をして強めの中火にかける。あさりは殻が開いたものから取り出す。

2 みそ大さじ1・1/2を溶き入れ、沸騰寸前でレタス(大きめにちぎる)100gを加え、しんなりしたらトマト(乱切り)75〜100g、1のあさりを加えて軽く温める。器に盛り、オリーブ油適量をかける。

春雨でボリュームアップ
炒めわかめのみそ汁
おすすめのみそ 赤みそ

材料(2人分)と作り方

1 鍋にごま油小さじ2、にんにく(薄切り)1かけ、わかめ(乾燥・水でもどす)5gを入れて強火にかけ、温まったら弱めの中火で10分ほど炒める。わかめがとろとろになったら煮干し粉小さじ1/2、コチュジャン小さじ1/2〜1、長ねぎ(斜め薄切り)1/2本を加えて軽く炒める。

2 水2カップを加え、強火にかけて一度沸騰させ、春雨(食べやすく切る)20gを加え、中火で袋の表示時間通りに煮る。

3 火を止め、みそ大さじ1・1/2を溶き入れる。器に盛り、お好みでしょうが(せん切り)、松の実各適量をのせる。

Soupe miso aux algues sautées

ピリ辛がクセになる、食べるみそ汁

もやしとひき肉のみそ汁

おすすめのみそ　麦みそ

Soupe miso aux germes de soja et viande hachée

材料（2人分）と作り方

1. 鍋に豚ひき肉80gを入れ、全体に広げて中火で焼きつけ、焼き色がついたら返して焼きつけ、ほぐす。にんにく（みじん切り）1・1/2かけ、しょうが（みじん切り）1・1/2かけを加え、さらに炒める。

2. うまみだし（P119）2・1/2カップを加え、強火で一度沸騰させ、玉ねぎ（1cm幅に切る）1/4個、にんじん（短冊切り）20g、もやし200gを加え、蓋をせずに中火で5分ほど煮る。

3. にら（ざく切り）1本を加え、火を止めてみそ大さじ2を溶き入れる。器に盛り、お好みで七味唐辛子、ラー油各適量をふる。

Soupe miso à la racine de lotus râpée

とろとろでやさしく喉を通る

みそ仕立てのれんこんのすりながし

おすすめのみそ　白みそ

材料（2人分）と作り方

1. 鍋にうまみだし（P119）1・1/2カップ、れんこん（すりおろす）100gを入れて中火にかけ、焦がさないように混ぜながら3〜5分煮る。

2. れんこんが透き通ってきてとろみが出てきたら火を止め、みそ大さじ1を溶き入れる。器に盛り、お好みで細ねぎ（小口切り）、しょうが（すりおろす）各適量をのせる。

魚の味が染み出た、豪快なみそ汁

あら汁

おすすめのみそ　合わせみそ

材料（4人分）と作り方

1. ボウルに魚のあら*400gを入れ、たっぷりの水を注ぎ、3回ほど水を取り替えながらよく洗う。

2. 鍋に水4カップを沸かし、1を入れ、蓋をせずに強めの中火で30分ほど煮る。途中、水分が少なくなったら水を足す。

3. 火を止め、魚のあらを取り出し、酒大さじ2を加え、みそ75gを溶き入れ、しょうが小さじ1（すりおろす）を加える。器に魚のあらをのせ、みそ汁を注ぎ、お好みで細ねぎ（小口切り）適量をのせる。

＊できれば、2種類くらい入っているあらがおすすめ

Arajiru

シャキホク食感が楽しい
長いものみそ汁

おすすめのみそ 米みそ

Soupe miso à l'igname japonaise

材料（2人分）と作り方

1. 長いも60gはガス火にかざしてひげ根をさっと焼き、皮つきのまま2cm厚さの輪切りまたは半月切りにする。
2. 鍋にうまみだし（P119）1・1/2カップ、1を入れ、強火にかけて一度沸騰させ、蓋をして中火で5分煮る。再び煮立ったら小松菜（3cm長さに切る）50gを加え、沸騰直前で火を止める。
3. みそ大さじ2を溶き入れる。器に盛り、お好みでオリーブ油適量をかける。

Soupe miso à la lie de saké

酒粕の香りとコクがたまらない
粕汁

おすすめのみそ 米みそ・白みそ

材料（2人分）と作り方

1. ボウルに酒粕30g、うまみだし（P119）少々を入れて混ぜ、やわらかくする（板粕の場合は、電子レンジ（600W）で10秒加熱して混ぜる、を繰り返すと混ぜやすい）。
2. 鍋にうまみだし（P119）1・1/2カップ、キャベツ（短冊切り）50g、にんじん（短冊切り）20g、玉ねぎ（薄切り）1/2個、えのきたけ（長さを3等分に切る）50g、油揚げ（短冊切り）1/2枚を入れ、強火で一度沸騰させ、蓋をして中火で5分煮る。
3. 火を止め、みそ大さじ1、1を溶き入れる。器に盛り、お好みで細ねぎ（小口切り）適量をのせる。

夏にぴったりのさっぱり味
焼きなすの冷や汁

おすすめのみそ 白みそ

材料（2人分）と作り方

1. なす2本はガクを落とし、楊枝で穴をあけ、魚焼きグリルなどで強火で10分焼く。粗熱がとれたら皮をむき、長さを3等分に切る。
2. ボウルに練り白ごま小さじ1、すり白ごま、みそ各大さじ1、甜菜糖小さじ2を入れて混ぜ、うまみだし（P119）1カップを少しずつ加えて溶く。なめらかになったら、オクラ（ゆでて小口切り）3本を加えて混ぜる。
3. お椀に1を盛って2を注ぎ、青じそ（せん切り）3枚、みょうが（斜め薄切り）1個、お好みでしょうが（ごく細いせん切り）適量をのせる。

Soupe miso froide aux aubergines grillées

野菜・フルーツ別INDEX

*薬味として使用している、にんにく、しょうがは含みません。

野菜

青唐辛子
トムカーガイ　114
サンバル　116

枝豆
枝豆のスープ　60

オクラ
ガンボスープ　108
焼きなすの冷や汁　125

かぶ
ポトフ　13
カリフラワーの
ミネストローネ　44
春野菜と
麦のスープ　50

かぼちゃ
かぼちゃのヴルーテバニ
ラ風味　36

カリフラワー
カリフラワーの
ミネストローネ　44

キャベツ
ポタージュ キュルティヴァトゥール　14
ガルビュール　22
究極のロールキャベツ　40
ボルシチ　102
豆腐と豆乳のごまみそ汁　122
粕汁　125

きゅうり
きゅうりの冷製スープ　57
ガスパチョ　98

空心菜
豚肉と空芯菜のスープ　115

グリーンアスパラガス
アスパラヴルーテ
ポーチドエッグとともに　53

グリンピース
クレーム サンジェルマン　21

ごぼう
ポタージュ キュルティヴァトゥール　14
ごぼうのポタージュトリュフの香り　36
豚肉とごぼうのみそ汁　120

小松菜
長いものみそ汁　125

さやいんげん
ビストースープ　15

香菜
トムカーガイ　114
サンバル　116

ズッキーニ
ビストースープ　15
ミネストローネ　96

スナップえんどう
春野菜と麦のスープ　50

セロリ
ポトフ　13
ポタージュ キュルティヴァトゥール　14
ガルビュール　22
にんじんとゴルゴンゾーラのスープ　39
チリビーンズ鍋　67
スープ・ド・ボワソン　70
えびのビスク 鶏レバー添え　78
ブイヤベース　86
ミネストローネ　96
ロヒケイット　100
グヤーシュ　104
クラムチャウダー　106
ガンボスープ　108

大根
ポタージュ キュルティヴァトゥール　14
大根とスペアリブのスープ　48
根菜のみそ汁　121
大根とにんじんのゆずみそ汁　121

たけのこ
酸辣湯　112

玉ねぎ（新玉ねぎ・赤玉ねぎ含む）
オニオングラタンスープ　12
ポトフ　13
ポタージュ キュルティヴァトゥール　14
クレーム サンジェルマン　21
とうもろこしのポタージュ　28
にんにくスープ　29
ごぼうのポタージュトリュフの香り　36
焼きいもとミモレットのスープ　38
究極のロールキャベツ　40
レンズ豆とチョリソーのスープカレー　47
春野菜と麦のスープ　50
あさりと菜の花のサフランスープ　52
アスパラヴルーテ
ポーチドエッグとともに　53
なすのスープ　56
きゅうりの冷製スープ　57
トマトのクリームスープ
アンチョビー風味　58
きのこのカレー鍋　66

チリビーンズ鍋　67
スープ・ド・ボワソン　70
パイ包み焼きスープ　74
えびのビスク 鶏レバー添え　78
マッシュルームのカプチーノ　82
ブイヤベース　86
ミネストローネ　96
ガスパチョ　98
ロヒケイット　100
ボルシチ　102
グヤーシュ　104
クラムチャウダー　106
ガンボスープ　108
テールスープ　110
サンバル　116
きのことベーコンのみそ汁　122
もやしとひき肉のみそ汁　124
粕汁　125

冬瓜
冬瓜と貝柱のスープ　61

豆苗
たらと豆乳の鍋　64

とうもろこし（コーン缶含む）
とうもろこしのポタージュ　28
さけととうもろこしのみそ汁　122

トマト（トマトジュース、トマト缶含む）
ビストースープ　15
レンズ豆とチョリソーのスープカレー　47
トマトのクリームスープ
アンチョビー風味　58
冬瓜と貝柱のスープ　61
チリビーンズ鍋　67
スープ・ド・ボワソン　70
ブイヤベース　86
ミネストローネ　96
ガスパチョ　98
ボルシチ　102
ガンボスープ　108
サンバル　116
あさりとトマトのサラダみそ汁　123

長ねぎ
ビストースープ　15
ヴィシソワーズ　20
ガルビュール　22
長ねぎとパンのスープ アルザス風　32
ゆり根のスープ　36
カリフラワーのミネストローネ　44
たらと豆乳の鍋　64
うなぎの蒲焼きときりたんぽの鍋　68
テールスープ　110

焼きねぎと蒸しねぎのみそ汁　121
根菜のみそ汁　121
炒めわかめのみそ汁　123

なす
なすのスープ　56
トムカーガイ　114
サンバル　116
焼きなすの冷や汁　125

菜の花
あさりと菜の花のサフランスープ　52

にら
にら玉みそ汁　123
もやしとひき肉のみそ汁　124

にんじん
ポトフ　13
ポタージュ キュルティヴァトゥール　14
ガルビュール　22
にんじんとゴルゴンゾーラのスープ　39
スープ・ド・ポワソン　70
えびのビスク 鶏レバー添え　78
ブイヤベース　86
ミネストローネ　96
ロヒケイット　100
ボルシチ　102
グヤーシュ　104
クラムチャウダー　106
豚肉とごぼうのみそ汁　120
根菜のみそ汁　121
大根とにんじんのゆずみそ汁　121
もやしとひき肉のみそ汁　124
粕汁　125

にんにく
にんにくスープ　29

白菜
白菜と鶏だんごのスープ　42
たらと豆乳の鍋　64
うなぎの蒲焼きときりたんぽの鍋　68

パプリカ
ミネストローネ　96
ガスパチョ　98
ガンボスープ　108

ビーツ
ボルシチ　102

ブロッコリー
豆腐と豆乳のごまみそ汁　122

ほうれん草
たらとほうれん草のスープ　46

もやし
もやしとひき肉のみそ汁　124

ヤングコーン
春野菜と麦のスープ　50
トムカーガイ　114

ゆり根
ゆり根のスープ　36

ラディッシュ
春野菜と麦のスープ　50

レタス
チリビーンズ鍋　67
あさりとトマトのサラダみそ汁　123

れんこん
カリフラワーのミネストローネ　44
さけと白きくらげの鍋　65
根菜のみそ汁　121
みそ仕立ての
れんこんのすりながし　124

きのこ
きのこのカレー鍋　66
パイ包み焼きスープ　74
きのことベーコンのみそ汁　122

えのきたけ
粕汁　125

きくらげ（白きくらげ含む）
白菜と鶏だんごのスープ　42
さけと白きくらげの鍋　65
豚肉と空芯菜のスープ　115

しいたけ（干しいたけ含む）
白菜と鶏だんごのスープ　42
酸辣湯　112

しめじ
さけと白きくらげの鍋　65

マッシュルーム
パイ包み焼きスープ　74
マッシュルームのカプチーノ　82
クラムチャウダー　106

いも類

さつまいも
焼きいもとミモレットのスープ　38
根菜のみそ汁　121

じゃがいも
ポトフ　13
ビストースープ　15
ヴィシソワーズ　20
ガルビュール　22
新じゃがのスープ　54
きゅうりの冷製スープ　57
ブイヤベース　86
ロヒケイット　100
グヤーシュ　104
クラムチャウダー　106
さけととうもろこしのみそ汁　122

長いも
さけと白きくらげの鍋　65
うなぎの蒲焼きときりたんぽの鍋　68
長いものみそ汁　125

豆類

いんげん豆（キドニービーンズ含む）
ビストースープ　15
ガルビュール　22
カリフラワーのミネストローネ　44
チリビーンズ鍋　67

大豆
チリビーンズ鍋　67

ひよこ豆
サンバル　116

レンズ豆
レンズ豆とチョリソーのスープカレー　47

フルーツ

アボカド
アボカドとかにのスープ　55

いちご
いちごのカルダモンスープ　90

栗
栗のポタージュ　34

すいか
すいかのスパイススープ　62

マンゴー
マンゴーとタピオカのスープ　63

三國清三 みくにきよみ

1954年北海道・増毛町生まれ。15歳で料理人を志し、札幌グランドホテル、帝国ホテルにて修業後、74年駐スイス日本大使館料理長に就任。ジラルデ、トロワグロ、アラン・シャペルなど三つ星レストランで修業を重ね、82年に帰国。85年、東京・四ツ谷にオテル・ドゥ・ミクニ開店。99年、ルレ・エ・シャトー協会の世界5大陸トップシェフの一人に選出される。2013年、フランスの食文化への功績が認められ、フランソワ・ラブレー大学(現・トゥール大学)にて名誉博士号を授与される。15年、フランス共和国レジオン・ドヌール勲章シュヴァリエを受勲。2020年4月、YouTubeチャンネルを開設。簡単な家庭料理を中心にレシピ動画を配信している。

撮影
新居明子

スタイリング
池水陽子

デザイン
廣田 萌(文京図案室)

撮影協力
斉木千春 小川恵美 井上祐子
ワンキッチン

校正
荒川照実

編集協力
飯村いずみ

おいしいスープがあればいい
三國流おうちでつくる極上スープ

2024年10月15日発行 第1版

著 者	三國清三
発行者	若松和紀
発行所	株式会社 西東社 〒113-0034 東京都文京区湯島2-3-13 https://www.seitosha.co.jp/ 電話 03-5800-3120(代)

※本書に記載のない内容のご質問や著者等の連絡先につきましては、お答えできかねます。

落丁・乱丁本は、小社「営業」宛にご送付ください。送料小社負担にてお取り替えいたします。
本書の内容の一部あるいは全部を無断で複製(コピー・データファイル化すること)、転載(ウェブサイト・ブログ等の電子メディアも含む)することは、法律で認められた場合を除き、著作者及び出版社の権利を侵害することになります。
代行業者等の第三者に依頼して本書を電子データ化することも認められておりません。

ISBN 978-4-7916-3237-4